U0091929

子的

正確打開方式

兼愛非攻的現代應用解密

山陽 / 著

崧燁文化

目錄

墨子的正確打開方式：兼愛非攻的現代應用解密

目錄

序言

　　墨子（約西元前四七六年～前三九〇年），名翟，戰國時期著名思想家、政治家、軍事家、教育家，墨家學派創始人。相傳為宋國人，後長期居於魯國。

　　平民出身的墨子做過工匠，他稱自己為「賤民」。墨子早年曾受儒家教育，博學多才。他發覺儒家非常強調禮樂，主張厚葬久喪，不利於人民，於是棄儒而去，後來便創立了自己的學派。

　　墨子的思想主要為「兼愛」、「非攻」、「尚同」、「節用」、「節葬」、「非樂」、「天志」、「明鬼」、「非命」等，其中尤以「兼愛」、「非攻」為核心，以「節用」、「尚賢」為基礎。

　　墨子為宣傳自己的思想主張，廣收門徒，並四處遊歷。墨子的親信弟子就多達數百人，其行跡也十分廣泛，鄭、衛、楚、越等地都留下了墨子及其弟子的足跡。當時人稱活動於齊、魯、宋等地的墨徒為東方之墨者，稱活動於楚、越的墨徒為南方之墨者，其中，墨徒在秦國尤其具有較大勢力。總之，墨子的很多思想廣受當時封建統治者的歡迎，墨家也因此而成為戰國時期的重要學派之一，和儒家一起被稱為顯學。

　　墨子思想博大，事跡龐雜。其事跡散見於《荀子》、《韓非子》、《莊子》、《呂氏春秋》、《淮南子》等書，其思想則主要保存在《墨子》一書中。

　　《墨子》是墨家學派的思想結晶。據《漢書‧藝文志》載，《墨子》原有七十一篇，而流傳至今的只有十五卷五十三篇，流失十八篇。學術界一般認為，《墨子》是由墨子的弟子及其後學在不同時期記述編纂而成，主要反映了前期墨家和後期墨家的思想。

　　墨子的博學充分體現在他的各種著作中。《墨子》不但內容精闢，而且涉足廣泛，在政治、軍事、經濟、哲學、倫理、邏輯、科技等諸多領域都頗有建樹，是後世研究墨子及墨家學派的重要史料。

　　本書擷取《墨子》原著中的理論精華，從現代生活的角度詮釋了墨子的智慧。書中論題鮮明，結構嚴謹，行文流暢，說理透徹。全書的每一篇文章，

除有理論闡釋外，還選編了古今中外的經典故事進行解說，並附有點評加以畫龍點睛，使讀者在輕鬆閱讀的同時，可以快速領略《墨子》的精髓。

墨子生平

先秦最博學的思想大師

據《史記·孟子荀卿列傳》記載：「蓋墨翟宋之大夫，善守禦，為節用。或曰並孔子時，或曰在其後。」自此，後世便對墨子的身世爭論不休，有說是宋人，有說是魯人。

近代學者一般認為，墨子生於西元前四七六年左右，卒於西元前三九〇年左右。也有的說他原為宋國人，後來長期住在魯國。

墨子出身低微，「上無君上之事，下無耕農之難」，可能是一個接近手工業勞動者的讀書人。因而墨子養成了注重節儉、勞身苦志的作風，「量腹而食，度身而衣」，吃的是「藜藋之羹」，穿的是「短褐之衣」，足登的是「跋蹻」。

墨子「好學而博」。據《史記》記載：「學儒者之業，受孔子之術」。除創立與儒學並稱為顯學的墨家學派外，墨子在科學技術領域，如宇宙論、數學、物理學、機械製造、哲學等方面都有開創性的成就。相傳他的木工技術也很精湛，與魯班齊名，其製成的「木鳶」，據說三天三夜飛在天空沒有掉下來。

墨子因墨學而成為戰國時期最具影響力的大思想家之一。墨子以「為萬民興利除害」為使命，「日夜不休，以自苦為極」，長期奔走於各諸侯國之間宣傳自己的政治主張。為遊說諸侯，謀求制止戰爭，安定社會，安定民生，墨子「平生足跡所及，則嘗北之齊，西使衛，又屢遊楚，前至郢，後客魯陽，復欲適越而未果。」

墨子的思想、事跡活動主要記載在《墨子》一書中。《墨子》內容廣博，涉及政治、軍事、哲學、倫理、邏輯、科技等方面，是研究墨子及其後學的重要史料。其中，關於墨子事跡的記載，最著名的就是墨子止楚攻宋的故事。

墨子推薦學生到各國從政，宣揚墨學，並不是為了功名，而是為了興天下之利除天下之害，他們將為受侵略國守城視作一種「為天下」的義務。著

名匠師公輸般（魯班）為楚王製造了雲梯，準備起兵去攻打宋國。墨子得悉這個消息後，立即一面派遣禽滑釐率領三百名弟子，帶著自己設計和製造的守城器械去宋國協助守城；一面親自從魯國出發，趕往楚國。一到楚國的都城郢城，墨子便冒著被殺的危險，用辯理和科技知識遊說，使楚王和公輸般折服，放棄了攻宋的計劃，從而消除了一場戰爭。

《墨子》一書中記載墨子的最後一次活動是阻止魯陽文君攻鄭，那時墨子已經八十多歲。之後，該書中再沒有墨子活動的記載。

學者錢穆認為，墨子仙逝於楚國魯陽（今河南魯山縣）。現魯山縣就有很多墨子晚年隱居的遺蹟。據說墨子晚年隱居於當地的黑隱寺，仙逝後埋葬在附近的墨子洞中，當地很多人還相信墨子在一座名為南天門的山峰上成仙。儘管這些傳說有很濃的神話色彩，但背後可能正是墨子晚年的蹤跡。

一 嚴以律己，寬以待人

子墨子言日：「君子自難而易彼，眾人自易而難彼。」（語出《墨子親士》）

君子嚴格要求自己，寬厚對待別人，而普通人寬厚對待自己，嚴格要求別人。

嚴以律己，寬以待人，不僅是自省、自察、自律，而且也是一種雅量、文明、胸懷的體現，更是一種人生的境界。陸地上最廣闊的是海洋，比海洋還廣闊的是天空，比天空更廣闊的是人的胸懷。

君子自難而易彼

——《墨子·親士》

子墨子言日：「君子自難而易彼，眾人自易而難彼。」

——語出《墨子·親士》

嚴以律己，寬以待人

嚴以律己，寬以待人是為人處世的根本原則之一，尤其是在當今社會，嚴以律己，寬以待人更是與他人、與社會和諧共處的不二法則。

《墨子·親士》篇有「是故君子自難而易彼，眾人自易而難彼，君子進不敗其志，內究其情，雖雜庸民，終無怨心，彼自信者也。是故為其所難者，必得其所欲焉，未聞為其所欲，而免其所惡者也。」意思是說，君子嚴以律己，寬以待人，而一般人則寬以律己，嚴以待人。君子仕途順利時不改變他的志向，不得志時心情也一樣；即使雜處於庸眾之中，也始終沒有怨尤之心。他們是自信的人。所以說，凡事能從難處做起，就一定能達到自己的願望，但卻沒有聽說只做自己所想做的事情，而能免於所厭惡之後果的。

正如墨子所說，嚴以律己，寬以待人是做好人際交往、和諧共處、成就事業必不可少的條件。

墨子的正確打開方式：兼愛非攻的現代應用解密

一 嚴以律己，寬以待人

嚴以律己，就是要高標準嚴格要求自己，時時注意不去傷害別人，出現問題時主動承擔責任，主動進行自我批評，大事當前，把方便讓給別人，有困難力爭靠自己的力量來解決。

寬以待人，就是要能夠忍受各種誤解和委屈而毫無怨恨之心；不宜過高地要求別人，允許別人有缺點；不宣傳別人的缺點，不要抓住別人的缺點不放，讓他們發揮自己的長處，讓他們感覺到自尊和自信！

戰國時期，強大的秦國常常欺壓弱國，藺相如因「完璧歸趙」和「澠池赴會」使趙國免受秦國欺辱而被趙王封為相國，位在大將軍廉頗之上。廉頗是趙國名將，為趙國立過大功。得知藺相如位在自己之上，他很不服氣：「我要是碰到藺相如，一定當面給他一點難堪，看他能把我怎麼樣！」藺相如得知後，沒有與之爭鋒，而是約束自己和下人，主動謙讓、迴避廉頗。對此，下人責怪藺相如膽小怕事。藺相如心平氣和地說：「我連秦王都不怕，難道還怕廉將軍嗎？要知道，秦國現在不敢來打趙國，就是因為國內文官武將一條心。我怕的是相國和將軍不和，秦國知道了會對趙國不利啊！你們想想，國家的事情要緊，還是私人的面子要緊？」這番話傳到廉頗耳裡後，廉頗極為慚愧。他裸著上身，背著荊條，跑到藺相如家裡請罪。從此，藺相如和廉頗成了知交。他們一文一武，同心協力為國家出力，抗衡於秦。

上述這段為歷代傳誦的「將相和」佳話，即是嚴以律己，寬以待人的典型。

對於嚴以律己，墨子在《親士》篇中還有一些言論。如墨子認為，人們不是沒有安定的住處，而是因為自己沒有安定的心；不是沒有足夠的財產，而是因為自己沒有滿足的心。對於寬以待人，除《親士》篇外，其後諸篇多有論及，尤其是墨子兼愛非攻的核心思想，從小的方面說，甚至從根本上說，它就是一種「寬以待人」。

我們每天都要與形形色色的人打交道，時時都會出現如何要求別人，如何對待自己的問題。待人與律己的態度，可以充分反映一個人的修養，也是決定他能否與人相處融洽的重要因素。俗話說「心底無私天地寬，人到無求

品自高」，事實證明，一個人只有跳出個人的圈子，才能嚴於律己，寬以待人，唯有如此，才能在正確的交往中提高自己的道德水準。

延伸閱讀

讒慝之言，無入之耳；批扞之聲，無出之口；殺傷人之孩，無存之心。

——《墨子·修身》

君子對於讒言惡語，聽而不聞；批評攻擊別人的話，不出於自己的口；害人之意，不存在於心。

吾聞之日：「非無安居也，我無安心也。非無足財也，我無足心也。」

——《墨子·親士》

我聽說：「不是沒有安定的住處，而是因為自己沒有安定的心；不是沒有足夠的財產，而是因為自己沒有滿足的心。」

君子自難而易彼

律：約束。對自己要求嚴格，待別人則很寬厚。宋代陳亮《謝曾察院啟》：「嚴於律己，出而見之事功；心乎愛民，動必關夫治道。」

在與人交往時，不但要注意不要用言語去傷害別人，在被別人的言語傷害時，也應該有一顆寬容的心。

二 虛心面對別人的意見

子墨子言曰：「江河不惡小谷之滿己也，故能大。聖人者，事無辭也，物無違也，故能為天下器。」（語出《墨子·親士》）

江河不拒絕小溪流入，因此能讓自己的水量增大。聖人不推辭事情，能接受別人的意見，所以能成為天下的大才。

金無足赤，人無完人，每個人都有自己的優點和缺點，所以，當別人以他們的優點來指出我們的不足時，我們就應該正確面對，虛心接受、採納，這樣才能不斷完善自己，提高自己。

江河不惡小谷之滿己也

—— 《墨子·親士》

子墨子言曰：「江河之水，非一源之水也。千鎰之裘，非一狐之白也。夫惡有同方取不取同而已者乎？」

——語出《墨子·親士》

虛心面對別人的意見

墨子認為，江河不拒絕小溪流入，因此能讓自己的水量不斷增大。聖人能接受別人的意見，所以能成為天下的大才。

然而，兩千多年後的今天，仍有很多人與墨子的觀點背道而馳。

這些人往往喜歡沉浸在自己狹小的空間中，沾沾自喜，總認為自己是完美的。他們對別人的意見、建議、批評最直接的反應就是排斥、抵制和拒絕。這種以自我為中心的為人處世方式，顯然阻礙了與別人的正常交流和溝通，不利於自己的進步和提升。這些人應該從墨子和他的弟子耕柱子的一番對話中汲取教訓。

耕柱子是一代宗師墨子的得意門生，不過，他老是受到墨子的責罵。有一次，墨子又責備了耕柱子，耕柱子覺得自己非常委屈，因為在許多門生之

中，自己被公認為最優秀的，但又偏偏遭到墨子的指責最多，讓他感覺很沒面子。

　　一天，耕柱子憤憤不平地問墨子：「老師，難道在這麼多學生當中，我就是如此的差勁，以至於要時常遭您老人家責罵嗎？」

　　墨子聽後反問道：「假設我現在要上太行山，依你看，我應該用良馬來拉車，還是用老牛來拖車？」

　　耕柱子回答說：「再笨的人也知道要用良馬來拉車。」

　　墨子又問：「那麼，為什麼不用老牛呢？」

　　耕柱子回答說：「理由非常簡單，因為良馬足以擔負重任，值得驅遣。」

　　墨子說：「你答得很好，我之所以時常責罵你，也是因為你能夠擔負重任，值得我一再地教導與匡正你。」

　　以上墨子的這個故事，其實也是虛心接受別人意見的更進一步的要求，即變被動為主動，虛心向別人求教。

　　一個人在某些問題上處理不當時，如果有人向他指出他的缺陷和不足，不管這個人對此抱什麼態度，接不接受，採不採納，應該說這個人都是幸運的，因為至少他已經有了一個改正的機會。但當一個人犯錯誤，同時他周圍的人任由他犯錯誤而不聞不問時，那麼他是很不幸的，因為他正陶醉在自以為是的錯誤裡而渾然不知。

　　因此，一方面，在有意見、建議和批評時，我們要正確面對，虛心接受和採納，另一方面，其他人沒有對我們提出相關的意見、建議甚至批評時，我們更應該主動去尋求別人的意見。仁者見仁，智者見智，博採百家之長，這樣才有利於我們正確地面對問題和處理問題。

　　江河之水，非一源之水也。千鎰之裘，非一狐之白也。夫惡有同方取不取同而已者乎？

——《墨子·親士》

　　江河裡的水，不是從同一水源流下的；價值千金的狐白裘，不是從一隻狐狸腋下集成的。哪裡有與自己相同的意見才採納，與自己不同的意見就不採納的道理呢？

　　良弓難張，然可以及高入深；良馬難乘，然可以任重致遠；良才難令，然可以致君見尊。

——《墨子·親士》

　　良弓不容易張開，但可以射得高射得深；良馬不容易乘坐，但可以載得重行得遠；好的人才不容易駕馭，但可以使國君受人尊重。

三 領導者首要在用人

子墨子言曰：「天地不昭昭，大水不潦潦，大火不燎燎，王德不堯堯者，乃千人之長也。」（語出《墨子·親士》）

天地不以昭昭為明，大水不以潦潦為大，大火不以燎燎為盛，王德只有不分貴賤皆親，才能做眾人的首領。

一個籬笆三個樁，一個好漢三個幫。一個人想成就一番偉業，單憑個人的力量是遠遠不夠的。古今中外，凡成大事者，無不是以自己為中心建立了一個集眾人所長的優秀團隊。

子墨子言曰：「非賢無急，非士無與慮國，緩賢忘士而能以其國存者，未曾有也。」

——語出《墨子·親士》

領導者首要在用人

俗話說，千軍易得，一將難求。對那些想成大事的人來說，只有得到這些有過人之處、能獨當一面的賢良將才的幫助和輔佐，集中他們的超常之處為我所用，才能成功實現自己遠大的理想和抱負。

《墨子·親士》即充分強調了人才的重要性。墨子認為，大地不以昭昭為明（而美醜皆收），大水不以潦潦為大（而川澤皆納），大火不以燎燎為盛（而草木皆容），王德不以堯堯為高（而貴賤皆親），這樣才能做千萬人的首領。集千萬人之長而為我所用，何愁做不成大事呢？

漢高祖劉邦曾問韓信：「你看我能帶多少兵？」韓信答：「陛下不過能帶十萬之軍。」劉邦又問：「那麼你呢？」韓信笑答：「我是多多益善啊！」劉邦雖然軍事才能不如韓信，但這並不妨礙他位極皇權。他說：「夫運籌帷幄之中，決勝於千里之外，吾不如子房。鎮國家，撫百姓，吾不如蕭何。戰必勝，攻必取，吾不如韓信。此三者，皆人傑也，吾能用之，此吾所以取天

下也。」劉邦的高明之處就在於他能夠集眾人之長為我所用，從而成功地實現了奪取天下的大計。

對善用人而成事者，梁山好漢也是一個很好的例子。梁山一百零八位好漢個個都有一手絕活，如「智多星」吳用，飽讀詩書，機智過人，屢出奇謀，屢建戰功；「小李廣」花榮，箭法高超，百步穿楊，多次以箭法立奇功；「神行太保」戴宗，自幼便練就了一身行走如飛的本領；「浪裡白條」張順，水功無出其右，和李逵並稱「黑白水陸雙煞」。梁山一時內雲集了四方豪傑，他們在這裡不但有充分的用武之地，而且很快在宋江的帶領下，打出了他們替天行道的威風，為昏庸腐敗的當朝所忌憚。

善用人者易成大事，而不善用人者，就會誤己誤事、遺恨千古了。蜀漢時期的天縱奇才諸葛亮，上知天文，下曉地理，可惜他並不善於用人。不管是軍政大計還是教化安民，他都不論巨細，事必躬親。對於一位至忠至誠的臣子來說，他這種鞠躬盡瘁、死而後已的工作態度並沒有錯，錯就錯在他幾乎把所有的責任都扛在他一人身上。終於，在統一大業未竟之時，他就因過度操勞而抱憾早逝了，真枉生了那空前絕後的智慧。

用人的重要性已無須多言。現代人尤其是管理者、領導者和決策者，都應深刻理解墨子《親士》篇中重視、重用賢良的思想。馬雲向 Yahoo 員工演說的精彩演講中有這樣一句話：懶不是傻懶，如果你想少做，就要想出懶的方法，要懶出風格，懶出境界。這也是在暗示，如果你想成功，就得想辦法讓更多、更優秀的人來為你做事，而同時你也可以去懶，並懶出境界（實現自己的目標）。

吃古通今

戰國時期齊國的孟嘗君，是四大公子之一，他養了三千多食客，個個都有特殊的才能。一旦孟嘗君遭遇困難，食客們便全力以赴，幫他解決。

秦昭襄王一向很仰慕孟嘗君的才能，想拜他為宰相，但這引起了秦國大臣的嫉妒，孟嘗君也因他們的讒言而被秦王軟禁。

孟嘗君遭到軟禁後，就派人去求秦王的寵妾燕妃幫忙。但是燕妃卻說：「如果孟嘗君送我一件和秦王一樣的白狐裘，我就替他想辦法。」孟嘗君聽了燕妃的話，不禁暗暗叫苦：「白狐裘就這麼一件，現在要到哪裡再去找一件呢？」就在這時候，有一位食客自告奮勇地對孟嘗君說他有辦法。

　　這天晚上，這位食客就偷偷進入皇宮，學著狗叫把守衛引開，順利地偷回當初獻給秦王的那件白狐裘。孟嘗君利用白狐裘收買了燕妃，燕妃果然替孟嘗君說了不少好話，沒過多久，秦王就釋放了孟嘗君。

　　孟嘗君害怕秦王臨時反悔，因此一被釋放就立刻啟程回齊國，並趁夜來到了秦國的邊界——函谷關。只要通過了這道關口，秦王就奈何不了他了。可現在是深夜，城門緊閉，根本無法出關。孟嘗君很著急，城門必須等到雞鳴才會開放，但是如果等到天亮，秦王發現他們逃走後可能會派人追趕他們，這該如何是好呢？

　　就在這時，忽然有位食客拉開嗓子，學著雞鳴「喔——喔喔」，一時之間，全城的雞都跟著一起鳴叫。守城門的兵將一聽到這麼多公雞在叫，以為天亮了，於是就按照規定把城門打開了。孟嘗君一行人就這樣平安通過了函谷門，離開秦國回到齊國去了。

點評：

　　不論一個人的才能是大還是小，只要他的能力和長處對自己有幫助，他就可以為我所用。正確用人對企業管理者來說尤為重要。企業要人來維繫，財富要人來創造，人是一切事業成功的前提和根本。在競爭日趨激烈的今天，如何充分地用人，已成為管理者成敗和企業發展興衰的關鍵。

延伸閱讀

　　非賢無急，非士無與慮國，緩賢忘士而能以其國存者，未曾有也。

　　　　　　　　　　　　　　　　　　　　——《墨子·親士》

　　沒有比重用賢士更急迫的了，若沒有賢士，就沒有人和君主商量國家大事。怠慢遺棄賢士而能使國家長治久安的，還不曾有過。

任用賢能

　　用人也是一種技巧。古今中外，大凡優秀的領導者，都是用人專家，他們往往能準確判斷下屬的需要，並去滿足需要來激發下屬的積極性，有效地實現組織的目標。一個不懂得用人的管理者要想成為好領導者是難以想像的。

四　君子必備的品質

子墨子言曰：「君子之道也，貧則見廉，富則見義，生則見愛，死則見哀。」（語出《墨子·修身》）

君子之道應該是：貧窮時顯示出清廉，富貴時顯示出恩義；對活著的人表示出仁愛，對死去的人表現出哀傷。

世上有君子與小人。君子的行為力量和人格魅力能對周圍的人和事產生積極影響，因而他們往往會得到社會的一致認可和宣揚。

貧則見廉，富則見義。

——《墨子·修身》

子墨子言曰：「藏於心者，無以竭愛。動於身者，無以竭恭。出於口者，無以竭馴。」

——《墨子·修身》

君子必備的品質

中國古代關於君子的言論極多，君子的標準也是眾說紛紜。《易經》有「君子樂與人同，小人樂與人異。君子同其遠，小人同其近」的說法，孔子有「君子坦蕩蕩，小人常戚戚」、「君子周而不比，小人比而不周」、「君子喻於義，小人喻於利」等說法，莊子有「君子之交淡若水，小人之交甘若醴」的說法，那麼墨子關於君子的標準是什麼呢？

《墨子·修身》中認為，君子有四個標準，即貧窮的時候顯示出廉潔；富貴的時候顯示出恩義；對活著的人顯示出仁愛；對死去的人顯示出哀痛。這四個標準較全面地包括了為人處世達到君子風範的基本要求。

一個人可以貧窮，但志不能窮。對於真正的君子來說，不管貧窮與否，不管環境如何，都會堅守君子之道。墨子認為，君子在貧窮時要表現出應有的廉潔。人窮的時候可以思變，但這種變是合理合法合乎道義的變，不是為求富而喪失道德信仰的變。楚蘭生於幽林，不以無人而不芳；君子修賢立德，

不以窮困而變節。一個人在貧窮時能不能恪守廉潔，能不能堅守道德底線，反映了這個人最根本的品質。

對富貴的人來說，一毛不拔固然不可，但一擲千金也並不都是擲地有聲。公民都有合法的財產權，守財奴、鐵公雞雖然在法律法規上無可厚非，但在情理上令人指責。財富都是生不帶來，死不帶去的身外之物，在富足時就應該取之於民，還之於民。當然，這種「還」也要還對地方。在買車買房上一擲千金，人家會說你招搖過市、窮盡奢靡；在賭場裡一擲千金，人家會說你敗家子；在包二奶上一擲千金，人家會說你無情無義、法理難容。只有將一擲千金用在社會上，用在民眾上，如濟貧、教育、醫療、環境等，那才是君子應有的真正的恩義之舉。

墨子認為，君子對活著的人要表現出仁愛，其實他所認為的君子的第四條標準，即君子應對死去的人表示哀痛，也是一種仁愛。仁愛為道德思想的核心，仁的精華在於愛人。愛人，是偉大人格的基本品質，愛人是以人為本的思想基礎，有一種愛是人間之愛，有一種情是手足之情，有一種力量是意志的力量，有一種精神是偉大的民族精神，正因為此，社會才如此和諧安寧，人們才如此幸福愉悅。

墨子的君子標準用現代的語言詮釋，主要包括光明磊落、胸懷坦蕩、人窮志不窮、得勢不凌人、得意不忘形、得魚不忘筌、得理也讓人、位高也謙遜、尊老愛幼、義字當先、助人為樂、樂善好施、與人為善、知恩圖報、同情弱者、是非分明等，這些品質一直以來都是為人們所肯定和讚揚的，也是每個人都應該努力做到的。

延伸閱讀

四行者不可虛假，反之身者也。藏於心者，無以竭愛。動於身者，無以竭恭。出於口者，無以竭馴。暢之四支，接之肌膚，華髮隳顛，而猶弗舍者，其唯聖人乎！

—— 《墨子·修身》

君子這四種品行不是可以裝出來的，而是必須自身具備的。凡是存在於內心的，是無窮的慈愛；舉止於身體的，是無比的謙恭；談說於嘴上的，是無比的雅馴。（讓這四種品行）暢達於四肢和肌膚，直到白髮禿頂之時仍不肯捨棄，大概只有聖人吧！

五 言行要一致

子墨子言曰：「善無主於心者不留，行莫辯於身者不立；名不可簡而成也，譽不可巧而立也，君子以身戴行者也。」（語出《墨子·修身》）

善不是出自內心的不能保留，行動不是透過自身辯明的不能樹立；名聲不能簡單地成就，榮譽不能用巧言建立，君子要言行合一。

言行一致，表裡如一是為人處世的基本要求，誇誇其談的處世態度，不但徒費口舌、於事無補，而且也從根本上違背了誠信為本的做人原則。

行莫辯於身者不立

——《墨子·修身》

子墨子言曰：「原濁者流不清，行不信者名必耗。名不徒生而譽不自長。功成名遂，名譽不可虛假，反之身者也。」

——語出《墨子·修身》

言行要一致

言行一致，表裡如一，追求真善美，是為人處世的道德標準和行為準則。墨子認為，善不是出自內心的不能保留；行動不是透過自身辯明的不能樹立；名聲不能簡單地成就；榮譽不能用巧言建立，因此君子要言行合一。

墨子的話告訴我們，高尚的品質、令人嚮往的名譽都是為人所追求的，但這不是靠虛假、巧言令色就能輕易達到的，而是要發自內心的追求，並採取與言語一致的行動才能實現。

我們身邊往往有這樣一些人，台上與台下，人前與人後，對待上級與對待其他人，他們都會有截然不同的態度。這些人言行不符、表裡相背。他們往往不以誠實為榮，反而以之為恥。

言行一致、誠實守信是社會風氣的根基，也是樹立社會良善觀念的基本要求。

子墨子言曰：「言足以復行者，常之；不足以舉行者，勿常。不足以舉行而常之，是蕩口也。」意思是說，言論要是能夠做到的，不如常說；言論不能夠付諸行動的，就不要常說。言論不能付諸行動，卻經常說，那就是徒費口舌了。

墨子說的那種說一套、做一套，徒費口舌之勞的人，往往不想過後會不會去做，也不管以後能不能做到，總是先把口頭支票開了再說。稍好一點的，也是有了點結果就浮誇，脫離現實。他們沒有務實的辦事態度，沒有踏實的辦事作風。於是久之，就失去了朋友的信任，失去了老闆的信任，失去了下屬的信任，失去了群眾的信任……

言行一致是為人處世的基本要求，然而「得黃金百，不如得季布一諾」，真正做到言行一致是有一定難度的。

言行一致，貴在身體力行，只要我們堅持踐行，從我做起，從現在做起，從一點一滴做起，不說假話、不說空話、不欺上瞞下、努力改變那種「有看法、沒辦法；有想法、沒做法」的現象，言必行，行必果，相信透過不懈的努力，一定可以不斷提高自己的思想道德修養。

延伸閱讀

原濁者流不清，行不信者名必耗。名不徒生而譽不自長。功成名遂，名譽不可虛假，反之身者也。務言而緩行，雖辯必不聽。多力而伐功，雖勞必不圖。慧者心辯而不繁說，多力而不伐功，此以名譽揚天下。

——《墨子·修身》

源頭濁的流不清，行為無信的人名聲必受損害，聲譽不會無故產生和自行增長。功成了必然名就，名譽不可虛假，必須反過來求助自身。專說而行動遲緩，雖然會說，但沒人聽信。出力多而自誇功勞，雖勞苦而不可取。聰明人心裡明白而不多說，努力做事而不誇說自己的功勞，因此名譽揚於天下。

六　正確選擇朋友

　　子墨子言曰：「染於蒼則蒼，染於黃則黃。所入者變，其色亦變；五入必而已，則為五色矣。故染不可不慎也！」（語出《墨子·所染》）

　　絲用青色的染料染就變成青色，用黃色染料染就變成黃色。所用的染料不同，顏色就不一樣。經過五種染料染過後，就變成了五種顏色。所以染東西時不能不慎重使用染料。

　　朋友有好壞之分，結交了好的朋友，可以互相鼓勵、互相理解、互相支持，而結交了壞的朋友，則無異於喪失正確的判斷標準，使自己一步步走向消極和反面。

　　染於蒼則蒼，染於黃則黃。

——《墨子·所染》

　　子墨子言曰：「友皆好仁義，淳謹畏令，則家日益，身日安，名日榮，處官得其理矣。」

——語出《墨子·所染》

正確選擇朋友

　　古人云：「近朱者赤，近墨者黑」，這個道理古今皆然。人的一生如果交上好的朋友，不僅可以得到情感的慰藉，而且朋友之間可以互相鼓勵，互相激發，患難與共，互相扶持。朋友之間，無論志趣上，還是品德上、事業上，總是互相影響的。一個人一生的道德素養與事業成敗，都不可避免地受到身邊人的影響。從這個意義上可以說，選擇朋友就是選擇命運。

　　墨子看見別人染絲時感慨地說，絲用青色的染料去染就變成青色，用黃色染料去染就變成黃色。所用的染料不同，它的顏色也隨之改變。所以染東西時不能不慎重的使用染料。

　　接著，墨子又指出，不僅染絲是這樣，國家也與染絲類似。舜被許由、伯陽所感染，禹被皋陶、伯益所感染，湯被伊尹、仲虺所感染，武王被太公、

周公所感染。這四位君王因為所染得當，所以能稱王於天下，立為天子，功蓋四方，名揚天下。而夏桀被干辛、推哆所感染，殷紂被崇侯、惡來所染，周厲王被厲公長父、榮夷終所感染，周幽王被傅公夷、蔡公穀感染。這四位君王因為所染不當，結果身死國亡，被天下人嘲笑。

墨子還指出，不僅國君會受薰染的影響，士人也有受影響不當的事。如「其友皆好矜奮，創作比周，則家日損，身日危，名日辱，處官失其理矣，則子西、易牙、豎刁之徒是也。」即有些人交的朋友喜歡驕傲自大，結黨營私，那麼他們的家道會日益衰落，自己日益危險，名聲日益受損，居官治政也喪失了理性，如子西、易牙、豎刁等就是這樣的人。

受好朋友的影響可以興家道、王天下、名揚天下，受壞朋友的影響可以敗家道、亡國家，為天下人恥笑。人們常說，在家靠父母，出門靠朋友。社會環境中朋友是最重要的。那麼怎樣才能交到好的朋友呢？

結交朋友要有誠心和真心。朋友之交若失去真情，變成相互依附、相互利用的關係，那就不是真正的朋友了。

物以類聚，人以群分，從你的朋友身上可以照見自己的影子。因此在交友時，應選擇一些真善美的、積極的、志同道合的朋友。

另外，在朋友最需要你的時候，不要袖手旁觀，不顧情義，就此疏遠。真正的朋友不會在你有困難時離開你，即使有，你也不必懊惱，因為你可以進一步認清：什麼才是真正的朋友，誰才是你真正的朋友。

清末名人曾國藩曾說：「一生之成敗，皆關乎朋友之賢否，不可不慎也。」相信這句話在任何時候都不會過時。

延伸閱讀

非獨國有染也，士亦有染。其友皆好仁義，淳謹畏令，則家日益，身日安，名日榮，處官得其理矣，則段干木、禽子、傅說之徒是也。

——《墨子·所染》

不僅國君有受薰染影響的事，士人也有受影響不當的事，他們交的朋友都喜歡仁愛恩義，醇厚嚴謹遵守法令，那麼家道就會一天比一天好，自己每天都安全，名聲一天比一天榮耀，做官能合乎事理，比如段干木、禽子、傅說，就是這樣的人。

染山觀染

染於蒼則蒼，染於黃則黃。一個人一生的道德與事業，都不可避免地受到身邊人的影響。從這個意義上，可以說選擇朋友就是選擇命運。

七 做事要遵守規則

子墨子言日：「天下從事者，不可以無法儀；無法儀而其事能成者，無有也。」（語出《墨子·法儀》）

天下做事的人，不可以沒有法度禮儀，沒有法度禮儀而事情能成功的，那是從來沒有的事。

規則是人類為自己制定的信條，它是一種約束，更是一種保障。因為它在約束的同時，也造就了一個可以使人更加成熟、完美和成功的發展平台。

天下從事者，不可以無法儀。

—— 《墨子·法儀》

子墨子言日：「百工為方以矩，為圓以規，直以繩，正以縣。無巧工不巧工，皆以此五者為法。」

——語出《墨子·法儀》

做事要遵守規則

「沒有規矩，不成方圓」，這是日常生活中極為常見的一句話，很明確地說明了規則的重要性。

墨子認為，天下做事的人，不可以沒有法則，沒有法則而把事情做好，那是從來沒有的事。即使士人做了將軍、國相，也都有法度，就是各種做工的工匠，也都有法規。

軍隊的戰鬥力來自於鐵的紀律，企業的戰鬥力和生命力來源於各級人員良好的精神面貌、崇高的職業道德和嚴格的規章制度。缺乏明確的規章制度、流程，就容易產生混亂，如果有令不行、有章不循，按個人意願行事，就會屢犯禁令，適得其反，把事情辦砸。

宋國一個農夫擔心他的禾苗長得太慢，於是自作聰明到田裡把禾苗一棵棵拔高。望著一田被拔高的禾苗，他很是得意，氣喘吁吁地跑回去向家人炫

耀：「今天我忙了一天，讓田裡的禾苗都長高了！」他的兒子一聽，匆忙跑到田裡去，只見田裡的禾苗全都枯死了。

宋國農夫的故事告訴我們，事物的發展都有自己的規律和法則，只有循序漸進，順應其理才能水到渠成。

然而，在我們身邊，規則意識缺乏的現象隨處可見。小到闖紅燈、亂停車、隨地吐痰、亂丟垃圾，大到隨意違約、坑矇拐騙、行賄受賄。對這些現象，很多人都習以為常、見怪不怪了。

沒有規矩，不成方圓。法律和規則是社會運行的基石，是社會有序運轉、人與人和諧共處的基本要素。法治意識不強和執法力度不夠，是一個問題的兩個方面。這都直接破壞了社會生活的正常運行，帶給人們錯誤的資訊，助長了人們不擇手段實現個人目的的風氣。規則形同虛設，社會必定混亂無序。衡量一個國家、一個城市的文明程度，一個重要標準就是政府和每個公民的規則意識、法律意識。

如果不遵守規則，就會受到規則的懲罰。對個人來說，這種懲罰直接表現在規則的約束、法令的制裁上。對整個人類來說，這種懲罰則更嚴屬：人類違背了規則，於是沙塵暴開始肆虐；人類違背了規則，於是聖嬰現象開始出現；人類違背了規則，於是赤潮開始出現在近海……

因此，人們必須按規則辦事。商鞅立木為信、包公剛正執法、軍隊講求的紀律……哪一個不是堅守規則而大獲成功的呢？將規則定位到個人身上，更是如此。沒有規則，我們將沒有安全，沒有發展的機會，更談不上什麼成功。是規則和制度為我們提供了一個個成長的平台，使我們一步步走向成功。

吃古通今

吉爾是美國杜邦公司一位相當有個性的銷售員。他的自信與能力使他很快便從一線隊伍中脫穎而出，在他所工作過的一些企業，他都能夠取得不錯的業績。

但是在工作中，吉爾特別討厭填寫各式「申請」、「報表」，特別厭惡企業提倡的「數據分析」、「流程表」等，他認為，銷售業績決定一切，客戶第一，自己第二，公司排行第三。

　　吉爾也不喜歡參加各種會議，實在脫不開身時，也是坐在最後一排想自己的事，他不願意總結自己業務方面的經驗教訓，更不屑於學習別人好的經驗。對上級安排的事情，或不做或忘記，企業要他回覆，需打電話才有回音，而杜邦偏偏是一家有著近百年歷史的「軍工出身」的企業，作風嚴謹得近乎死板，注重流程，強調彙報，希望每一個部分都是可控的，希望每一個銷售員的每一天也是可控的。

　　吉爾的個人風格與企業的管理制度相距甚遠，當同期進入企業的同事不斷被提拔的時候，他只好選擇了離開。

點評：

　　目前，在許多企業中，像吉爾這種類型的員工有很多。這些員工必須認知到：員工應習慣在企業的制度下工作，這是一種職業紀律，更是一種職業技巧，因為公司常常會透過「制度」把資源和榮譽給予員工，如果與「制度」格格不入，那些資源和榮譽只會與你無緣。

延伸閱讀

　　百工為方以矩，為圓以規，直以繩，正以縣。無巧工不巧工，皆以此五者為法。巧者能中之，不巧者雖不能中，放依以從事，猶逾己。故百工從事，皆有法所度。

——《墨子·法儀》

　　工匠們用矩畫成方形，用圓規畫成圓形，用繩墨畫成直線，用懸錘定好偏正。不論是巧匠還是一般工匠，都要以這五者為法則。巧匠能切合五者的標準，一般工匠雖做不到如此水平，但仿效五者去做，還是要勝過自身的能力。所以工匠們製造物件時，都有法則可循。

八　禍起於惡，福源於善

八 禍起於惡，福源於善

子墨子言曰：「愛人利人者，天必福之；惡人賊人者，天必禍之。」（語出《墨子·法儀》）

愛人利人的人，天一定降福給他；相互討厭相互殘害的人，天一定降禍給他。

為善，如春園之草，不見其長，日有所增；為惡，如磨刀之石，不見其損，日有所虧。於是久而久之，為善者必福氣臨門，為惡者必大禍臨頭。

愛人利人者，天必福之。

——《墨子·法儀》

子墨子言曰：「愛人利人以得福者，禹湯文武是也。愛人利人以得福者，有矣！惡人賊人以得禍者，亦有矣！」

——語出《墨子·法儀》

禍起於惡，福源於善

俗話說，善有善報，惡有惡報。為人只有行善積德，心中坦蕩，才能得到好的報應。而作惡多端，多行不義，必然會遭到應有的懲罰。為善者得福，為惡者致禍，《墨子·法儀》中也鮮明地指出了這個觀點。

墨子認為，愛人利人的人，天一定降福給他，損人害人的人，天一定降禍給他。「夫奚說人為其相殺而天與禍乎？」為什麼說人若互相殘殺，天就會降給他災禍呢？墨子認為這是由於天希望人們相互愛護、相互幫助，而不是希望人類相互厭惡、相互殘害。

人若作惡，天就一定降禍給他嗎？人若為善，天就一定降福給他嗎？古人的故事是最好的例證。

春秋戰國時期，秦穆公走失了一匹馬，岐山腳下的一個農民捉得了這匹馬，並和三百個人一起吃了牠。秦穆公的官吏追捕到了食馬的人，想按照法

八　禍起於惡，福源於善

律來處置他們。秦穆公說：「有德才的人不因為畜生而殺人。我聽說吃馬肉而不喝酒，就會傷及身體。」於是便給酒讓他們飲。後來秦穆公攻打晉國，那三百人聽說秦穆公被晉軍圍困，便拿著銳利的武器拚死相救，以報答給馬肉吃的恩德。最後，秦穆公獲救了，而且還擒獲了晉侯。

還有一個故事。楚莊王大宴群臣，宴會期間突然風起，所有蠟燭都被吹滅了。這時，不知是誰趁黑調戲為群臣敬酒的楚莊王的愛妃許姬。許姬在慌亂中將那個人帽子上的纓子揪下來，摸黑到莊王跟前悄悄告知此事，沒想到莊王卻站起來大聲說：「大家不要受拘束，都把帽纓子摘下來，我們喝個痛快。」大臣們都莫名其妙地把帽纓子摘下來了，莊王這才叫人點燃蠟燭，請大臣們繼續喝酒。莊王和許姬都不知道少了帽纓子的那個大臣是誰，但都沒有追究下去。後來楚國討伐鄭國時，健將唐狡自告奮勇當開路先鋒，進兵神速。莊王召見唐狡，要獎賞他。他說：「君王已給我優厚的賞賜，我今天應該報效於您，不敢再受賞了。」莊王感到很奇怪，說：「我什麼時候賞賜過你？」唐狡說：「在絕纓會上，拉美人袖子的就是我，承蒙君王不殺之恩，今特捨命相報。」

好人終有好報，秦穆公和楚莊王的善舉都得到了意外的回報。但施恩不圖報，好事不留名，對真正的君子來說，為善為惡之所導致的福禍，多半體現在一種內心的體驗和感覺上。

做了一件有利於別人的事情，給人一個迫切需要的幫助，救援了一個需要救援的人，內心會有一種什麼樣的感受呢？是否會有一些安慰、一些自豪、一些快樂，或者感受到了善良？有，這就是回報。這就是這件事情帶給你的一個好報應，也是福的起源。

反之，做了損害別人的事情，傷害了無辜者的利益和生命，內心往往會有一種罪惡感，會感到愧疚。也許這件事情永遠都不會被別人知道，但你的內心還是會感到恐慌。因為你隱瞞了別人，卻不能瞞過自己。別人放過了你，你卻不能放過你自己。這便是良心的審判，良心的懲處。這也是惡的報應，禍的開端。

吃古通今

一九九〇年代，英國曾發生這樣一個故事。

農夫佛萊明在種田，聽到不遠處沼澤地裡傳來呼救聲，他扛起鋤頭跑去，見一少年深陷泥沼，掙扎著無力自拔，而且越陷越深。農夫趕緊將鋤頭柄伸過去，將少年拖出死亡之地。次日，少年的父親倫道夫勳爵駕著豪華的馬車來到農舍，掏出一筆重金往佛萊明懷裡塞，以示感謝。佛萊明執意謝絕。

在雙方推讓時，倫道夫看到農夫身後探出的小腦袋，知道是他的兒子後，便問他是否上學了。圍觀者說：該上學了，家裡窮，上不起學。倫道夫說：「請接受我的一份回報，否則我的良知難以安寧。」

在倫道夫的資助下，孩子圓了求學夢，後來成為一位細菌學家。他就是青黴素的發現者，亞歷山大·佛萊明。

真是無巧不成書，半個世紀後，英國首相邱吉爾積勞成疾，感染肺炎而生命垂危。在生死攸關時，這種新藥開始用於臨床，救了邱吉爾的命。

邱吉爾，這位歷史上叱吒風雲的人物，正是倫道夫勳爵的兒子，也就是當年被佛萊明從沼澤中救出來的那個少年。

點評：

為善的人並不圖別人報恩，只是良心使然，感到這是自己應該做的。正是因為他們善良，經常做好事，天長日久，在諸多好事中便一定會得到某些回報。撒下善的種子，必然得到善的回報；播下惡的種子，必然得到惡的果實。這不是宿命，而是我們思想和行為的必然性裡所蘊含的偶然性。

延伸閱讀

為不善以得禍者，桀紂幽厲是也。愛人利人以得福者，禹湯文武是也。愛人利人以得福者，有矣！惡人賊人以得禍者，亦有矣！

——《墨子·法儀》

八　禍起於惡，福源於善

　　做壞事而招來禍害的，桀、紂、周幽王、周厲王就是這類人；愛人利人而得到降福的，禹、湯、周文王、周武王就是這類人。愛人利人而得到上天福佑的人有，損人害人而招致上天降禍的，也是有的！

九 經營者的「七患」

子墨子言曰：「以七患居國，必無社稷；以七患守城，敵至國傾。七患之所當，國必有殃。」（語出《墨子·七患》）

國家有這七種災患，就一定滅亡；守城假如有這七患，敵人來了就一定傾覆。七患在哪個國家，哪個國家一定遭殃。

治大國若烹小鮮。經營者將管理企業提升到「治理國家」的策略高度，往往可以從歷史上的國家興衰、王朝更替中汲取經驗和教訓，得到有益於企業發展的啟發。

以七患居國，必無社稷。

——《墨子·七患》

子墨子言曰：「以七患居國，必無社稷；以七患守城，敵至國傾。」

——語出《墨子·七患》

經營者的「七患」

根據統計有六○％的民營企業在五年內破產；有八五％的民營企業在十年內死亡。其平均壽命只有二點九年。

柳傳志曾說：「我從一九八四年創辦企業，十八年間和我同台領過獎的許多知名企業家，今天回過頭去看，絕大部分已經銷聲匿跡了。」

對大多數曇花一現的企業而言，在洶湧的市場經濟浪潮中，一旦因失誤而導致出局，便極有可能意味著從此退出歷史舞台，即使有再多的經驗教訓，也沒有機會轉化為下一次的成功。那麼，對經營者來說，怎樣才能在激烈的市場競爭中持續成功地存活和發展呢？

其實，經營企業與治理國家的道理在本質上是一致的，墨子在《七患》中關於致使國家危亡的七種禍患的論述，在企業存亡之道上給了經營者一些很好的啟示。

九　經營者的「七患」

「城郭溝池不可守而治宮室，一患也。」墨子認為，不注意城池的整固防守，只注重內宮的治理。這是第一種災患。此患暗示經營者在經營過程中，尤其是在步入正常發展軌道後，應內、外結合，全面發展。

「邊國至境，四鄰莫救，二患也。」墨子認為，敵國的軍隊壓境，四面鄰國都不願來救援，這是第二種災患。此患暗示經營者要打好與行業內經營者，尤其是非行業經營者及社會各界的關係，以備不時之需，在危機時刻借助他們的力量走出困境。

「先盡民力無用之功，賞賜無能之人，民力盡於無用，財寶虛於待客，三患也。」墨子認為，把民力耗盡在沒用的事情上，賞賜沒有才能的人，結果民力因做沒用的事情而耗盡，財寶因款待賓客而用空，這是第三種災患。此患暗示經營者要正確定位企業的經營目標，並把有限的資金、資源充分地使用在關係企業興衰成敗的項目上。

「仕者持祿，遊者愛佼，君修法討臣，臣懾而不敢拂，四患也。」墨子認為，做官的人只想保全俸祿，遊學的人只注重交遊，國君修訂法律討伐大臣，大臣因為害怕而不敢違背君主之命，這是第四種災患。此患暗示經營者要完善企業制度，尤其是不同職位對員工工作態度、工作方法、工作作風、工作責任、工作績效等要求，要有一套明確的行之有效的約束和考核標準。

「君自以為聖智而不問事，自以為安強而無守備，四鄰謀之不知戒，五患也。」墨子認為，國君自以為神聖聰明，卻不過問國事，自以為安穩和強盛，卻不做防禦準備，四面鄰國在圖謀攻打他，卻不知戒備，這是第五種災患。此患暗示經營者在企業發展到一定程度後，要居安思危，要有憂患意識，不能自滿自大。應時刻關注市場、行業、競爭對手動態，保持自己的競爭力。

「所信者不忠，所忠者不信，六患也。」墨子認為，國君所信任的人不忠誠，而忠誠的人不被他信任，這是第六種災患。此患暗示經營者要知人善任，在選人用人上，不但要注意能力的考核，對品質也應有嚴格的要求。

「畜種菽粟不足以食之，大臣不足以事之，賞賜不能喜，誅罰不能威，七患也。」墨子認為，養的牲畜種的糧食不夠吃，大臣對國事不能勝任，賞

賜不能使人歡喜，責罰不能使人畏懼，這是第七種災患。此患暗示經營者要賞罰嚴明。該獎的毫不猶豫的獎勵，該罰的一絲不苟的懲罰，嚴格按規章制度辦，這樣不但可令行禁止，而且能充分調動員工的積極度。

關於《墨子·七患》對企業經營的啟示，每個人都可以有自己的理解。不管看法怎樣，其提升企業存活期、促進企業發展的啟發作用都是值得經營者思考的。

吃古通今

中國有句古話叫「富不過三代」，而在瑞典有一家企業，不僅已經傳到了第五代，而且該家族的事業仍蒸蒸日上，集團所屬的控股公司在斯德哥爾摩股市中所占份額已超過了四〇％！它就是瑞典無人不知的瓦倫堡家族。

一百多年來，該家族已經控制了北歐地區很多相當有影響力的工業集團，愛立信、伊萊克斯電器、瑞典滾珠軸承公司、阿斯特捷利康製藥集團等世界知名企業都名列其中。

對家族取得的輝煌成績，瓦倫堡家族的第五代掌門人馬庫斯·瓦倫堡說，多年來家族一直堅持這樣一種經營理念：在研究開發方面特別捨得投入，以此確保企業的競爭力和行業領先優勢。

對瑞典這樣一個國內市場狹小的國家來說，這一點尤其重要。二戰爆發後，居安思危的瑞典政府大力發展軍工業，瓦倫堡家族的國防工業企業薩伯公司，以其精良尖端的武器製造技術獲得大量政府訂單，其研發的 JAS-39 戰鬥機性能可與美國的 F-16 相媲美。二十世紀六〇年代，現代通訊技術剛露苗頭，瓦倫堡家族就收購了愛立信公司，將其發展成著名的通訊設備供應商之一。

除了遵循專業化、國際化原則外，瓦倫堡家族投資的主要特點是選定核心業務後進行長期投資。哪怕這項投資短期內無法營利也絕不放棄。馬庫斯的叔父彼得·瓦倫堡總結家族的生意經時說：「不到萬不得已，我們不會輕易放棄暫時出現問題的企業。」這種高瞻遠矚、著眼未來的投資方式被瓦倫堡家族一直保持至今。前幾年，瓦倫堡的兩項核心投資——通訊巨頭愛立信和

電力工程公司 ABB 都出現了巨額虧損，山雨欲來風滿樓，「破產」、「脫手」等建議不斷。但經過幾年的扭虧重組，兩大公司都已走出了陰霾，開始盈利。

點評：

企業沒有自然生命，只有透過不停地更新來賦予它活力，它才不會死亡。存活了一百多年的瑞典瓦倫堡家族企業就是一個典型的例子。在它一百多年的發展歷程中，其諸多成功舉措有許多與中國墨子的「七患」不約而同地相互印證著，企業經營者從這裡應該會學到一些東西。

延伸閱讀

故備者，國之重也。食者，國之寶也。兵者，國之爪也。城者，所以自守也。此三者，國之具也。

——《墨子·七患》

因此，防禦，是國家最重要的事。糧食，是國家最寶貴的財富。武器，是國家最鋒利的護爪。城池，是國家用來自我防守的最好屏障。以上這三點，是保衛國家安定的工具。

守城之法

生於憂患，死於安樂。憂患意識是未雨綢繆、防患未然，可以避免危險真正來臨時驚惶失措，猝不及防，從而導致失敗。

企業只有增強憂患意識，認識到企業所面臨的處境和挑戰，有危機感，有責任感，才能在激烈的商戰中形成堅固的防守體系，立於不敗之地。

十　豫則立，不豫則廢

子墨子言曰：庫無備兵，雖有義不能征無義；城郭不備全，不可以自守；心無備慮，不可以應卒。」（語出《墨子·七患》）

倉庫裡沒有儲備兵器，即使自己有理也不能征伐不義之兵；內城外城不修防完備，不可能防守自己的國土；心中沒有考慮周到，不可能應付突發事變。

人無遠慮，必有近憂。人生道路不可能總是一帆風順，人們在做事為人時只有精心規劃，預於先，備於前，而後才能披荊斬棘，順利前進。

豫則立，不豫則廢。

子墨子言曰：「桀紂貴為天子，富有天下，然而皆滅亡於百里之君者，何也？有富貴而不為備也。」

——語出《墨子·七患》

豫則立，不豫則廢

憂患意識強調的是預防、防備的重要性。兵法講究出奇制勝，對「不豫」的人來說，災患就是一支可怕的奇兵，它的突然降臨往往能導致一個國家的滅亡，導致一個人的猝然失敗。

在不利環境下，預防、準備是理所當然，在有利環境下，預防、防備更是不可或缺。墨子在《七患》中的「備」，主要指儲備、準備。

墨子認為，充分的儲備和準備是保證社會穩定和長治久安的前提，也是防止外來侵略、成功實施「防禦軍事」的基本條件，尤應引起重視，故稱「備」為「國之重也」。

做事為人也是這樣。凡事豫則立，不豫則廢，只有居安思危、未雨綢繆，才能防患於未然，才能在災患突然出現時從容應對。

　　有這樣一則寓言。一隻野狼臥在草地上勤奮地磨牙，狐狸看到了，就對牠說：「天氣這麼好，大家在休息娛樂，你也加入我們的隊伍中吧！」野狼沒有說話，繼續磨牙，把自己的牙齒磨得又尖又利。狐狸奇怪地問道：「森林這麼安靜，獵人和獵狗已經回家了，老虎也不在近處徘徊，又沒有任何危險，你何必那麼使勁磨牙呢？」野狼停下來回答說：「我磨牙並不是為了娛樂，你想想，如果有一天我被獵人或老虎追趕，到那時，我想磨牙都來不及了。而平時我就把牙磨好，到那時就可以保護自己了。」

　　寓言中的道理大多數人耳熟能詳，但真正做到的卻少之又少。「書到用時方恨少」，平時若不充實學問，臨時抱佛腳是來不及的。也有人抱怨沒有機會，然而當機會來臨時，再感嘆自己平時沒有積蓄足夠的學識和能力，以致不能勝任，也只好後悔莫及。

　　豫則立，不豫則廢。那麼，怎樣才能做好「豫」呢？

　　人生之旅從選定方向開始，有什麼樣的目標就有什麼樣的人生，但僅僅有了方向還是不夠的，還要沿著這個方向設定目標並不斷調整目標，以防止計劃外的或不利於自己的「患」突然出現，使未來完全按照自己預定的軌跡發展。

　　一九五三年，耶魯大學對畢業生進行了一次有關人生目標的調查。當被問及是否有清楚明確的目標以及達成的書面計劃時，結果只有三％的學生選擇了肯定回答。二十年後，透過追蹤調查發現，那三％有達成目標書面計劃的學生，在財務狀況上遠高於其他九七％的學生。

　　人生的路很長，但關鍵處只有幾步，尤其在年輕的時候。許多人埋頭苦幹，卻不知所為何來，等到發現搭錯了方向為時已晚。因此，我們必須樹立真正的目標，澄明思想，凝聚繼續前進的力量。

　　西方有句諺語：如果你不知道你要到哪兒去，那通常你哪兒也去不了。緊張而忙碌的生活往往容易使人迷失，向左走？向右走？有的時候，我們確實需要停下來，好好預想、謀劃一下，做好了準備再前進，明確目標，消除隱患，少走彎路，從而達到事半功倍的效果。

吃古通今

孫正義是軟體銀行集團公司的創始人，現在是該公司的總裁兼董事長。他在不到二十年的時間裡，創立了一個無人相媲美的網路產業帝國。孫正義的過人之處，是他的思維理念。他能從眼前的生意中，看到未來的生意方向和發展前景。他看未來不是十年、二十年，而是一看就是上百年。

孫正義在二十三歲時，曾花了一年多的時間來想自己到底要做什麼。他把自己想做的四十多種事情都列出來，而後逐一做詳細的市場調查，並做出了十年的預期損益表、資金周轉表和組織結構圖，四十個項目的資料合起來足有十多公尺高。然後他列出了二十五項選擇事業的標準，包括該工作是否能使自己全身心投入五十年不變、十年內是否至少能成為全日本第一等等。依照這些標準，他替自己的四十個項目打分數排序，電腦軟體批發業務脫穎而出。用十幾公尺厚的資料做事業選擇，目光放在幾十年之後，這樣的深思熟慮，這樣的周密規劃，注定了他日後的成功。

不久，他便創立了軟體銀行公司。其公司的軟體推銷業績，居全日本第一。並且孫正義利用他的公司出了幾本雜誌，旨在提醒客戶購買軟體銀行的產品。一九九四年，他的軟體銀行公司上市，籌集到一億四千萬美元。從此，軟銀集團開始騰飛。

點評：

俗話說，磨刀不誤砍柴工，孫正義周密謀劃、預設未來，用一年的時間贏得了一生的成功。成功人士常說，把八○％的時間留給未來。即用二○％的時間去處理眼前的重要事情，而用八○％的時間去做那些暫時沒有收益但以後會有的重要事情。的確，走一步，看三步，預先防備和採取措施，笑得最長，笑到最後，這才是大智慧，這樣才能永遠立於不敗之地。

延伸閱讀

桀無待湯之備，故放；紂無待武之備，故殺。桀紂貴為天子，富有天下，然而皆滅亡於百里之君者，何也？有富貴而不為備也。

——《墨子·七患》

　　夏桀沒有預防商湯的準備，所以被商湯放逐；商紂王沒有防禦周武王進攻的準備，所以為周武王所殺。夏桀、商紂王貴為天子，富甲天下，可是卻被只擁有方圓百里之地的君主所滅亡，這是為什麼呢？因為他們雖然富貴，卻不做好防備。

十一 生活要有節制

子墨子言日：「夫婦節而天地和，風雨節而五穀孰，衣服節而肌膚和。」（語出《墨子·辭過》）

夫妻之事有節制，天地和順；風雨適度，五穀豐收；穿衣服有節制，身體舒適。

節制，指有分寸，能適可而止，不至於踰越或過分。適度為美，過度為醜；適度為福，過度為禍，物極必有反。

夫婦節而天地和

——《墨子·辭過》

子墨子言日：「夫婦節而天地和，風雨節而五穀孰，衣服節而肌膚和。」

——語出《墨子·辭過》

生活要有節制

節制，有管轄、統領之意，現多指限制、控制。節制是中國的傳統美德之一。「行乎不得不行，止乎不得不止」，當繼續，則繼續；當暫停，則暫停，為人處世必須有所節制。

墨子認為，君主在房屋宮殿、穿戴服飾、五穀飲食、車馬舟楫、妻妾妃嬪這五個方面尤其要注意節制，並以上古時的具體情況來與當今對比進行論證。然後，墨子又說，夫婦之事有一定的節制，天地陰陽之氣自然就和順；風雨有一定的節制，五穀自然就成熟豐收；衣服有一定的節制，身體肌膚自然就安適。

墨子的論述告訴我們，不僅君主在享樂方面要有所節制，普通人在生活中也要注意節制。

墨子的話是很有科學依據的。《黃帝內經》中云：「上古之人，其知道者，法於陰陽，和於術數，食飲有節，起居有常，不妄作勞，故能形與神俱，而

盡終其天年，度百歲乃去。今時之人不然也，以酒為漿，以妾為常，醉以入房，以欲竭其精，以耗散其真，不知持滿，不時御神，務快其心；逆於生樂，起居無節，故半百而衰也。」

《菜根譚》中也說：「居盈滿者，如水之將溢未溢，切忌再加一滴；處危急者，如木之將折未折，切忌再加一搦。」

意思是說，當一個人的成就達到頂峰的時候，如水滿到將溢未溢的程度，這時千萬不能再加一滴，否則就會立刻流出；當一個人處在十分危險的境地時，如樹枝將折未折的程度，千萬不能再用力，否則就會折斷。

以上對身體使用，應有所節制的論述，只是節制的一個極小方面。在日常生活中，方方面面都應注意「度」，都要有所節制。

從人的角度說，如過度享樂是不知節制、過度勞累是不知節制、過度要求是不知節制、過度使用是不知節制等；從社會的角度說，如對森林的砍伐要有節制、對礦藏的開採要有節制、對淡水資源的使用要有節制、對溫室氣體的排放要有節制等。

古希臘的雅典有一座神殿，神殿的牆壁上刻了兩行字：認識你自己；凡事勿過度。墨子的節制思想與它不謀而合。節制是東西方聖賢們共同強調的，也是我們應該做到的。

吃古通今

德國大哲學家康德，在這個世界上走過了八十多個年頭。他一生致力於哲學問題的研究和思考，終生未娶，也絕少旅行，更沒有所謂的社交，他的生活就像苦行僧一樣。

他每天走出樸實無華的書房，徒步到大學，幾十年如一日，生活規律毫不變化。而他對時間的控制，分秒不差，人們甚至以他為定時器。

他每天早晨五點起床。每天下午都要在一條街道（後來被命名為「康德小道」）上散步，當地居民按照他出來的時間校正手錶。他晚上大約十點睡覺。

這樣嚴格的規律，他始終嚴守不渝，確實是常人難以做到的。

每天早晨，五時將到，他的僕人出現在床頭，說：「先生，起床的時間到了。」只要一聽僕人這樣叫他，即使他前一天晚上因急事睡得很晚，也總是一躍而起。有一次，康德對他的僕人說：「我最自豪的是：每天早晨起床時，從未讓你叫過第二遍。」

可在他規律得似乎有些刻板的生活表面下，他的內心卻豐富多彩，充滿了各種奇妙的思想和理論。

點評：

一個生活不規律的人，不是一個健康狀況良好的人。所謂生活規律，無非是指一個人應有計劃，有時間觀念而且有節制地生活。只有行為得當，有所節制，精力才會旺盛，生命力才會強勁；反之，生活不規律，工作時徹夜不眠，休息時連日不起，生活無節制，精力就會日漸衰弱，生命力就會受到影響，身心健康便也無從談起了。

延伸閱讀

凡此五者（君欲實天下之治，而惡其亂也，當為宮室，不可不節；君實欲天下之治而惡其亂，當為衣服不可不節；君實欲天下治而惡其亂，當為食飲不可不節；君實欲天下之治而惡其亂，當為舟車不可不節；君實欲民之眾而惡其寡，當蓄私不可不節），聖人之所儉節也，小人之所淫佚也。儉節則昌，淫佚則亡，此五者不可不節。

——《墨子·辭過》

凡是這五種情況（君主若真希望天下得到治理，不願意國家混亂，那麼，營造宮室時就不可不節儉；君主若真希望天下治理好而厭惡混亂，做衣服時就不可不節儉；君主若真希望天下治理好而厭惡其混亂，飲食就不可不節省；君主若真希望天下治理好而厭惡混亂，製造舟車就不可不節省；君主若真想人民增多而厭惡減少，就不能不節制蓄養私人婢妾），都是聖人能節制而小人驕奢淫逸的。節儉的就昌盛，淫佚的就滅亡，這五者不可不節制。

十二 切勿撿了芝麻丟西瓜

子墨子言曰：「今有人於此，舍其文軒，鄰有敝輿，而欲竊之；舍其錦繡，鄰有短褐，而欲竊之；舍其粱肉，鄰有糠糟，而欲竊之。」（語出《墨子公輸》）

現在這裡有一個人，丟下自己華貴的彩車，鄰居有輛破車，卻想去偷；丟下自己的錦繡衣服，鄰居有粗布衣服，卻想去偷；丟下自己的好飯肉食，鄰居有糟糠，卻想去偷。

一隻小猴子來到一片玉米田裡，看見玉米結得又大又多，非常高興，就掰了一個。小猴子扛著玉米走到一棵桃樹下，看到桃子又大又紅，就扔了玉米去摘桃子。小猴子捧著幾個桃子又走到一片瓜田裡，看到西瓜又大又圓，就扔了桃子去摘西瓜……

舍其粱肉，鄰有糠糟，而欲竊之。

—— 《墨子·辭過》

子墨子言曰：「今有人於此，舍其文軒，鄰有敝輿，而欲竊之；舍其錦繡，鄰有短褐，而欲竊之；舍其粱肉，鄰有糠糟，而欲竊之。」

—— 語出《墨子·公輸》

切勿撿了芝麻丟西瓜

西瓜與芝麻誰大誰小，誰輕誰重，一看便知，這是三歲小孩都能分辨的。但在現實生活中分辨西瓜芝麻卻未必那麼容易，大與小，多與少，並非一看便知，常常會有人做出撿了芝麻丟西瓜的蠢事。

戰國時，楚國請匠師公輸般幫助製造雲梯，準備攻打宋國。墨子聽說後，星夜趕到楚國，勸楚王放棄攻打計劃，他講了一個西瓜和芝麻的道理：

「楚國的土地，方圓五千里，宋國的土地，方圓五百里，這就像彩車和破車相比；楚國有個雲夢澤，犀牛、麋鹿滿地都是，長江、漢水裡出產魚鱉黿鼉，算得上天下最富饒的了，宋國卻是連野雞、野兔、鯽魚都不出的地方，

53

這就像好飯肉食跟糟糠相比；楚國有高大的松樹、紋理細的梓樹、木、楠木和樟樹，宋國卻連大樹都沒有，這就像錦繡衣裳和粗布衣服相比。」

墨子所言，楚王未必想不到。楚王私心是想占點便宜，撿了芝麻又不丟西瓜，豈不更好？然而墨子的話也沒有說完，西瓜是自己的，芝麻卻是別人的，強占別人的，哪怕只是一點點，常常會付出自己整個的代價。

貪心不足的人，往往因小失大；私心太過的人，常常得不償失。

目光遠大的人，辦大事，成大業，胸懷大目標，便不會被眼前的小利小惠所惑，便能夠在西瓜與芝麻之間做出正確的判斷。

秦破趙後，許多趙國人被遷往蜀地。有一些人向秦的官吏求情，請求留在葭萌這些離故鄉近一些的地方，唯有一個姓卓的沒有這樣的請求。他說：「葭萌雖為縣衙所在地，但土地瘠薄。我聽說，在岷山之下有一片肥沃的原野，生長著很多蹲鴟（一種芋，可以充饑），到死都不會挨餓。」於是，他就請求遷到了蜀地岷山下的臨邛。在臨邛，卓氏發現了豐富的鐵礦，他依山冶鐵，經營貿易，後來成為了顯赫的富翁。

大智大勇的人才能獲得巨大的成功，大謀大略的人方能取得大利大惠。當然，大智大勇的人也有本末倒置的時候，目光遠大的人也會有僥倖心理。這也導致了他們在西瓜和芝麻之間做出錯誤的選擇。

隋文帝是中國歷史上少見的節儉君主。他要求他的臣子及兒女都這樣。太子楊勇英明果敢，在參預朝政時表現得很突出。但隋文帝不重視大節，倒對楊勇多了幾個姬妾及做事有點喜歡排場極為不滿。另一個兒子楊廣，正好抓住這一點大做文章。隋文帝便下決心廢掉楊勇改立楊廣為太子。最後，楊廣登位，成為隋煬帝。他並沒有像他父親那樣節儉，而是驕奢淫逸，臭名昭著。最後，徹底葬送了隋朝的大好江山。

區分眼前利益和長遠利益、表面利益和根本利益的大小，其實就如同區分芝麻與西瓜的大小一樣簡單，但為了西瓜敢丟芝麻、為了長遠利益能捨眼前利益、為了根本利益能無視表面利益、為了遠大目標能忍住當前誘惑，即使是大智大勇的人，也不是輕易就能做到的，這不得不引起所有人的重視。

吃古通今

這是小張裝潢房屋的故事。

因為能便宜一萬多元，小張選擇了一家不知名的裝潢公司。他與這家公司簽訂裝潢合約，合約約定六月底完工，工程款按進度分成四筆支付。誰知，工程花了一整年都沒完工。因為這家公司收了第三筆工程款後，工人就不見了。而工程承包商卻長住在小張家，無償使用新房子，還把家人也接來住，亂用水電瓦斯，把房子弄得髒亂不堪。

小張多次催促他們復工，裝潢公司滿口答應卻三個多月不見開工，更不肯退工程款。最終小張忍無可忍，只能訴諸法院。

經過了一場曠日持久的官司，最終小張贏了。法院判決解除合約，並要求裝潢公司退還多收的工程款。裝潢公司不得已退還了一小部分工程款，並簽訂了其餘工程款的還款協議。但是從那以後，簽訂的協議卻從未被履行。為了逃避債務，裝潢公司甚至更換門市招牌，中斷當事人聯繫方式，與法院的辦案人員玩起了捉迷藏。

小張後悔萬分：為了省錢找那些雜牌公司裝潢，到頭來不僅不能省錢，反而更費錢，而且還費時間和精力。更讓人哭笑不得的是，裝潢公司曾勸小張，把新房子裡原來的電線換成其它品牌的，事後經檢驗，他們換的品牌電線是假貨！

點評：

房屋是幾十年的事，裝潢時應力求保險，多花點錢找個大公司，按照規定辦事，這樣才有保證。切不可為了能省掉一些「芝麻」而丟了「西瓜」，讓自己後悔不已。芝麻和西瓜都值得去撿，這是毋庸置疑的。但當兩者只能擇其一時，在輕而易舉、觸手可及的芝麻面前，就尤其要注意避免因小失大而痛失西瓜了。

延伸閱讀

　　荊之地，方五千里；宋之地，方五百里。此猶文軒之與敝輿也。荊有雲夢，犀兕麋鹿滿之，江漢之魚鱉黿鼉為天下富，宋所為無雉兔狐狸者也，此猶粱肉之與糠糟也。荊有長松，文梓、楠、豫章，宋無長木，此猶錦繡之與短褐也。臣以三事之攻宋也，為與此同類。臣見大王之必傷義而不得。

──《墨子·公輸》

　　楚國的土地，方圓五千里，宋國的土地，方圓五百里，這就像彩車和破車相比；楚國有個雲夢澤，犀牛、麋鹿滿地都是，長江、漢水裡出產魚鱉黿鼉，算得上是天下最富饒的了，宋國卻是連野雞、野兔、鯽魚都不出的地方，這就像好飯肉食跟糠糠相比；楚國有高大的松樹、紋理細的梓樹、木、楠木和樟樹，宋國卻連大樹都沒有，這就像錦繡衣裳和粗布衣服相比。我拿三件事來說，大王要去攻打宋國，這就跟這個有盜竊病的人同類。我認為大王此舉必定會因違背仁義而失敗。

十三 經營者如何籠絡、團結人才

子墨子言曰：「國有賢良之士眾，則國家之治厚；賢良之士寡，則國家之治薄。故大人之務，將在於眾賢而已。」（語出《墨子·尚賢》）

國家所擁有的賢良之士多，國家的政績就大；賢良之士少，國家的政績就小。所以大人的急務，將在於如何使賢良之士增多。

企業錄用人才，可以說僅完成了應徵工作，從人才的應徵、使用、留住來說僅完成了三分之一的工作，如何正確使用人才是另外三分之一的工作，如何留住人才是最後三分之一的工作，這最後工作是人力資源經理最難執行的。

大人之務，將在於眾賢而已。

—— 《墨子·尚賢》

子墨子言曰：「國有賢良之士眾，則國家之治厚；賢良之士寡，則國家之治薄。故大人之務，將在於眾賢而已。」

——語出《墨子·尚賢》

經營者如何籠絡、團結人才

企業之間的競爭是人才的競爭。已被列為第一資源的「人力資源」直接影響著每一個企業的興衰。人才是現代企業之魂，人才流失是每一個企業所面臨的最大挑戰。

那麼，經營者如何才能有效籠絡、團結人才，並最大程度地發揮他們的作用呢？墨子的言論給了我們很好的啟示。

墨子認為，人才是國家的珍寶和社稷的良佐，一定要使他們富裕，令他們顯貴，尊敬他們，稱譽他們。墨子打了個比方：譬如想要增加一個國家善於射箭、駕車的人，就必須使他們富裕，令他們顯貴，尊敬他們，稱譽他們，而後國家善於射箭、駕車的人就能夠增多了。

西周時期，周公的兒子伯禽要到魯國去做國君。臨走時，伯禽問父親有什麼囑咐。周公說：「我是文王的兒子，武王的弟弟，當今天子的叔叔，你說我的地位怎麼樣？」伯禽說：「那自然是很高的了。」周公說：「對呀！我的地位確實很高，但是我每次洗頭髮的時候，一碰到急事，就馬上停止洗髮，把頭髮握在手裡去辦事；每次吃飯的時候，聽說有人求見，我就把來不及嚥下的飯菜吐出來，去接見那些求見的人。我這樣做，還怕天下的人才不肯到我這兒來呢！你到了魯國，不過是個國君，可不能驕傲啊！」

周公如此禮遇人才，團結人才，這正是他成功的祕訣。

對賢士的判斷和任用，墨子還明確提出要「勝其任而處其位」，強調使賢能之士與其所擔當的官職和地位相配，而不能名不符實，即「能讓他治國的就讓他治國，能讓他做官的就做官，能讓他治理縣邑的就讓他治理縣邑。凡是讓他去治理國家、官府和邑里的人，都是國家的賢能之人。」在這方面，三國時期的龐統是個典型的例證。

三國時期，徐庶推薦龐統去輔佐劉備。劉備便任命龐統為耒陽縣令。龐統到耒陽後，心中悶悶不樂，借酒消愁，許久不升堂理事，大小案件一律壓著不判。耒陽百姓議論紛紛，狀紙告到劉備那裡去了，劉備立即派義弟張飛去耒陽考察龐統政績。張飛來到耒陽，一進縣衙，便斥問龐統：「為何積壓案件不判？」龐統說：「區區小事何足為奇！請三將軍明日看我斷案就是。」第二天，龐統升堂。公堂上跪著黑壓壓的一大群原告、被告，但三日之後，龐統便將所有案件斷得一清二楚，張飛目瞪口呆，急忙回朝覆命。劉備得知大喜，馬上派人將龐統接去，封為左軍師。

對於籠絡人才、團結人才，最大發揮人才的作用，古代聖賢給我們留下了無數佳話。那麼，今天的企業經營者具體又該怎樣做呢？

第一、給予更高的薪水。追求更高的薪水和更好的福利，往往是員工跳槽最直接的原因。對此並沒有什麼最好的解決辦法，尤其是如果你覺得他們的薪水已經足夠的話，即使你為薪水有異議而與員工談判，無論你採取什麼處理辦法，對企業和員工都無好處可言。

第二、讓懷才不遇者滿負荷工作。經常有人僅靠自己的能力和遵守企業的管理制度，就能超額完成自己的工作，但內心裡他並不是真正喜愛這份工作。這時可讓他兼職他喜歡的工作。

第三、讓員工在工作中找到樂趣。工作失去挑戰性，是員工流失的一大原因。尤其是剛從大學畢業的年輕人，通常在兩年之內最容易離職他就。他們年輕，充滿理想，只可惜，他們的這些特點常被上司忽略。

第四、破格任用能力強的員工。當企業應徵到一位能力強、有開拓創新精神的年輕人，你必須認真思考：給他什麼樣的職位，如何提拔他更好？

第五、加強溝通，減少隔閡。與主管不合常常是員工跳槽的重要原因之一。與主管不合的原因是多方面的，但不論什麼原因，如果上司能經常保持一扇敞開的門，進行平等的溝通，就可以化解上司與下屬之間的矛盾。

吃古通今

建安五年，曹操成為了丞相，更不把皇帝放在眼裡，國舅董承便與人密謀，欲除掉曹操。曹操獲悉後，立即戳破了他們的陰謀。

曹操知道劉備也參與其中後，便領二十萬大軍，分五路殺向徐州要捉劉備。勢單力薄的劉備無計可施，自領一騎人馬投奔袁紹。

曹操攻下了徐州，又來攻下邳，關羽保護著劉備妻子等家小，被曹操軍馬包圍在一座山頭上。

自關羽溫酒斬華雄之後，曹操便深愛其才。於是，他當即命張遼上山勸關羽投降，關羽思考再三，答應降曹，但有三個條件：一、只降漢朝，不降曹操；二、用劉備的俸祿養他的兩位夫人；三、一旦知道劉備的下落，便要去尋找他。

張遼將關羽的條件告訴了曹操，曹操最後終於答應了。關羽保護著劉備的兩位夫人隨曹操前往許都，途中曹操故意讓關羽與二位嫂子同住一室。關羽一手執火，一手拿刀，通宵站於戶外。曹操非常敬佩。

　　不久，關羽得知劉備消息，便欲告辭。曹操深知能得其人，難得其心，便兌現了當初的諾言，並為關羽送行。

　　關羽怕曹操有詐，便在馬上用刀尖將曹操贈給他的錦袍挑過來披上。曹操的部將認為關羽太過無禮，幾次要殺關羽，但都被曹操制止了。接著，關羽便開始過五關斬六將的傳奇。

　　關羽保護二位嫂嫂來到東嶺關，守將孔秀說沒看見曹操的文書，阻攔關羽過關，被關羽斬殺；洛陽太守韓福又攔阻關羽，大將孟坦向關羽挑戰，被關羽砍為兩段，韓福用暗箭射中關羽左臂，關羽用口拔掉箭，飛馬將韓福斬殺；關羽到了汜水關，守將卞喜在鎮國寺埋伏刀斧手二百人欲殺關羽，關羽得知後將卞喜斬殺；關羽到了滎陽，滎陽太守王植是韓福的親戚，欲殺關羽為韓福報仇，關羽得知後急忙趕路，王植帶兵追來，被關羽斬殺；關羽到了黃河口，守將秦琪不放關羽渡河，又被關羽斬殺。

　　關羽過了黃河，來到袁紹的地盤，並在那裡遇上了孫乾。孫乾告訴關羽，劉備已去了汝南，要關羽與二位夫人到汝南相見。

　　關羽與孫乾重新渡過黃河向汝南出發，曹操部將領兵追到，與關羽展開廝殺。正在此時，張遼趕到傳達曹操命令，才讓關羽一行人馬走了。

點評：

　　曹操欲得關羽，明知不可為而為之，雖然最後以他一聲「雲長去矣」而宣告失敗，但他贏得了天下士人之心。曹操採取不講門第、不拘品行的「唯才是舉」的用人政策，使有才能的人紛紛來投，故魏國人才甚眾，謀臣有荀彧、荀攸、郭嘉、程昱、賈翊等；武將有張遼、樂進、于禁、張郃、徐晃、許褚、典韋等，這些文臣武將為他成就霸業奠定了堅實的基礎。曹操的用人故事，對現代經營者籠絡人才、團結人才是很有啟發作用的。

古者聖王之為政，列德而尚賢。雖在農與工肆之人，有能則舉之。高予之爵，重予之祿，任之以事，斷予之令。曰：爵位不高，則民弗敬；蓄祿不厚，則民不信；政令不斷，則民不畏。舉三者授之賢者，非為賢賜也，欲其事之成。

——《墨子·尚賢》

古時的聖王治理國家，任賢崇德。即使是從事農業與手工業、經商的人，只要有能力就選拔他。給他高官，給他厚祿，給他做事，給他決斷的權令。爵位不高，民眾就不尊敬；俸祿不厚，民眾就不信服；政令不能決斷，民眾就不畏懼。拿這三件東西授予賢者，並不是為了賞賜賢人，而是想要將事辦成。所以在這時，就要依德行授官，依官職授予職責，依功勞定獎賞，衡量功勞的大小而分予不同的祿位。

團結人才

「古之聖人驅天下之人而盡用之，仁者使效其仁，勇者使效其勇，智者使效其智，力者使效其力。」漢高祖劉邦籠絡、團結人才的手段就極為高明。他善於根據情勢揣摩人的心理，潤滑人際關係，有較強的凝聚力，能夠吸引他人為己所用。

十四 領導者要賞罰嚴明

子墨子言曰：「是以民見善者言之，見不善者言之；國君得善人而賞之，得暴人而罰之。善人賞而暴人罰，則國必治矣。」（語出《墨子·尚同》）

人民見到好的報告，見到不好的也報告；國君得到好人就賞賜他，得到惡人就懲罰他。好人得到賞賜而惡人得到懲罰，那麼國家就一定治理好了。

獎賞可使好的得到發揚，懲罰可使壞的得到遏制。如軍隊賞罰分明，可以提升軍中的士氣；公司賞罰嚴明，可以提升公司的業績。

賞罰嚴明

子墨子言曰：「國君得善人而賞之，得暴人而罰之。善人賞而暴人罰，則國必治矣。」

——語出《墨子·尚同》

領導者要賞罰嚴明

古代兵書上說，如果獎賞無功者，懲罰無罪者，部屬就會背叛你。由此可見古人深諳賞罰為治軍之道。墨子亦是如此。

賞罰嚴明是墨家核心思想之一，在墨子的論著中多有論及。如墨子在《尚賢》中說：「苟賞不當賢而罰不當暴，則是為賢者不勸，而為暴者不沮矣。」墨子的尚賢，主張對賢能之士予以重賞，「高予之爵，重予之祿，任之以事，斷予之令」，這叫「賞譽當賢」。同時對暴者、不肖者加以懲處，實施「罰當暴」原則。又如《兼愛》中有「勸之以賞譽，威之以刑罰」。

墨子賞罰嚴明的言論，無論對治國，還是治業，都有一定的指導作用。

春秋戰國時期，魏國的大軍師吳起向君王魏武侯建議：當武侯於祖廟設宴款待國家的有功之臣時，席位應該按功績的大小分列成前、中、後三排。建立了上等功績的功臣當坐於前排，享受最上等的菜餚和最好的餐具；功績稍次的臣子坐於中排，餐具和菜餚相對差些；而沒有功績的人就坐在最後面，菜餚和餐具當然是最次的了。同時，在宴席之後，還要在廟門之外對有功之

人的家屬，按其功績大小進行賞賜。這樣，不僅有功者受到了與其功績相稱的恩寵，而無功者亦於無形中受到鞭策，使之以此自勉，以圖日後立功。

吳起的建議與墨子如出一轍，雖然做法在現代並不完全適用，但其精神，無論在行政管理，還是商業戰場上仍然值得我們借鑑與思考。

管理者對下屬的功績，一定不能忽視。當然，對下屬的功勞，大有大的獎勵方法，小有小的鼓勵方式，要因人而異、因功績而異。但一定要遵循一個前提，就是賞罰分明。

有過必要罰。一個團體必須講究紀律，不能因這個人平時對我好或者是親朋好友，有過就不懲罰，很容易引起別人的不平。領導者應有過必罰，不能優柔寡斷，感情用事，這樣才能團結一致，有效地調動所有員工的積極度。

有功必要賞。部屬有功勞而不獎賞，他就會失望，久之就不願再立功，甚至造成上下離心離德，難以領導。《說苑》中說：「有功者不賞，有罪者不罰；多賞者進，少賞者退；是以群臣比周而蔽賢，百吏群黨而多姦；忠臣以誹死於無罪，邪臣以譽賞於無功。其國見於危亡。」所以有功必賞，可以激勵員工的工作態度，也能融洽上下關係。

管理的精髓，其實是這樣一個簡簡單單卻常常被人們遺忘的道理——你想要什麼，就該獎勵什麼；你不想要什麼，就要懲罰什麼！

吃古通今

齊威王（西元前三五六～前三二〇年在位）即位初年不理朝政，周邊各國常來進攻，出現「諸侯並伐，國人不治」的局面，後來聽從了大臣淳于髡的勸諫，專心治理國家。

有一段時間，齊威王經常聽到有人在他面前說即墨大夫的壞話和阿大夫的好話，但他並沒有聽風就是雨，而是分別派人深入到即墨和阿這兩個地方進行了明查暗訪。

在掌握了第一手情況之後，他親自召見了即墨大夫，對他說：「自從你到即墨上任以後，毀謗你的話便天天報到我這裡來。可是我派到即墨去視察

的人回來卻對我說，你那裡的田野都被開闢成了良田，百姓生活富足，官吏清閒無事，國家東部因而很安寧。可見你是從不賄賂我身邊的人來為你幫忙的。」即墨大夫不但沒受處分，反而得到了大大的封賞。

過了幾天，齊威王又召見了阿大夫，嚴厲地訓斥道：「自從你去主管阿地後，讚揚你的話就天天報來。但我派到阿地去視察的官員回來卻彙報說，你那裡田野荒蕪，百姓受窮挨餓。還有，以前趙國攻打鄄地，你不去救援；衛國攻取薛陵時你又全然不知……可見你是用金錢賄賂了我身邊的人，求他們為你說好話的！」接著便下令處死了阿大夫以及身邊那些曾經稱讚過阿大夫的一群小人。

從此，齊國群臣和地方官吏中再也沒有人敢弄虛作假了，人人都盡心盡責，努力工作，很快便使國家大治，國力日強，且稱雄於天下，成就了春秋五霸之一的大業。

點評：

齊威王言出法隨，賞罰嚴明，尤其是這個「明」。齊威王重視調查研究，不偏聽偏信，特別是對身邊人的意見不輕易相信，一切等調查研究了解真偽後再作定奪，他真正把賞罰嚴明做到了確實之處。

延伸閱讀

上之為政，得下之情則治，不得下之情則亂。何以知其然也？上之為政，得下之情，則是明於民之善非也。若苟明於民之善非也，則得善人而賞之，得暴人而罰之也。善人賞而暴人罰，則國必治。

——《墨子·尚同》

居上位的人治理政事，了解下面的實情就能治理好，不了解下面的實情就會混亂。怎麼知道是這樣呢？居上位的人治理政事，了解下面的情況，就是要明白人民所喜歡和厭惡的。如果知道人民所喜歡和厭惡的，那麼得到好人就獎賞他，得到暴虐之人就懲罰他，好人得到賞賜而暴虐之人得到懲罰，那麼國家一定太平。

十五 懷有一顆兼愛之心

子墨子言曰：「夫愛人者，人亦從而愛之；利人者，人亦從而利之；惡人者，人亦從而惡之；害人者，人亦從而害之。」（語出《墨子·兼愛》）

愛別人的，別人也會愛他；有利於他人的，別人也會有利於他；憎恨別人的，別人也會憎恨他；損害別人的，別人也會損害他。

人與人之間相愛是人際和諧、團結、協作的前提，也是社會、團體、組織和諧的前提。人與人相愛是人類文明的一種標誌，是進行文明自律管理不可缺少的重要條件。

夫愛人者，人亦從而愛之。

——《墨子·兼愛》

子墨子言曰：「為人君必惠，為人臣必忠，為人父必慈，為人子必孝，為人兄必友，為人弟必悌。」

——語出《墨子·兼愛》

懷有一顆兼愛之心

人生在世，說長，悠悠數萬日，遙遙無期；說短，匆匆幾十秋，彈指一揮間。要想過得充實而有意義，我們就必須選擇博愛。選擇博愛，就是選擇用一顆充滿愛的心去關心身邊的人和事；就是選擇把自己的整顆心，用於對生活的熱愛和對世界的感恩。

巫馬子對子墨子說：「您兼愛天下，沒有什麼益處；我不愛天下，沒有什麼害處。功效都還沒有達到，您為什麼只認為自己正確而認為我不正確呢？」

墨子說：「現在有人在放火，一個人捧著水要去滅火，另一個人拿著火苗要去助燃，都還沒有做成，你認為這兩個人誰是對的呢？」

巫馬子說：「我認為那個捧著水要去滅火的人用意是對的，那個拿著火苗要去助燃的人用意是不正確的。」

墨子說：「我也認為我的用意是正確的，而認為你的用意是錯誤的。」

「兼愛」是墨家學派最有代表性的理論之一。所謂「兼愛」，其本質是要求人們愛人如己，彼此之間不要存在血緣與等級差別的觀念。墨子認為，不相愛是社會混亂的最大原因，只有透過「兼相愛，交相利」才能使社會達到安定狀態。雖然墨子這種反抗貴族等級觀念的理論帶有強烈的理想色彩，但它的進步意義在今天仍不過時。

墨子的「兼愛」，用今天的話說就是博愛。當前和諧社會的理性原則是發展人、尊重人、關愛人，而這一切都要以博愛的胸懷為基礎。

博愛包括五心，即愛心、謙卑之心、讚美之心、包容之心、感恩之心。

愛心。愛自己的親人、朋友，則是好人；愛自己的敵人，愛曾經傷害過自己的人則是偉人。一段愛心之旅，大家用一顆真誠的心，互相扶持，彼此都能走出生命的坎坷，走向生命的精彩。

謙卑之心。俗話說「三人行，必有我師焉」。在別人身上總能發現勝過自己的地方。活到老，學到老，善於發現別人的優點，勇於學習別人的長處，這樣才能使自己得到不斷的提升。

讚美之心。真誠讚美那些稍縱即逝的美麗，真誠讚美那些傷害過你的人的美麗，愛就會在讚美中誕生，友誼就會在讚美中產生，親情就會在讚美中昇華，寬容亦會由此而生。

包容之心。人非聖賢，孰能無過？人總會有這樣那樣的缺點，每個人都希望別人能包容自己的缺點，接納自己的短處。既然如此，為何我們不從自己做起呢？

感恩心。感謝父母，他們把我們養大；感謝老師，他們教予我們智慧；感謝朋友，在孤獨時他們相伴左右；感謝曾經傷害過我們的人，生命因他們而精彩；感謝生活，它引導我們去理解、去追求更有意義的人生……

選擇博愛，就是選擇對情感的珍視。人生一路，處處有情。親情、友情、愛情，無不讓生命充滿感動與絢麗。「慈母手中線，遊子身上衣」是親情的關愛；「海內存知己，天涯若比鄰」是友情的牽掛；「何當共剪西窗燭，卻話巴山夜雨時」是戀情的思念。每一個生命都走不出情感的範疇，是那些情感，讓人們好好生活，好好工作，好好珍惜屬於自己的分分秒秒。珍視情感，讓生命多些感動與回味。

吃古通今

印度曾經有這樣一個人：

她創建的組織有四億多的資產；世界上最有錢的公司都樂意捐款給她；她的手下有七千多名正式成員，還有數不清的追隨者和義務工作者分布在一百多個國家；她認識眾多的總統、國王、傳媒巨頭和企業鉅子，並受到他們的仰慕和愛戴……

可是，她住的地方，唯一的電器是一部電話；她穿的衣服，一共只有三套，而且自己洗換；她只穿涼鞋沒有襪子……

她把一切都獻給了窮人、病人、孤兒、孤獨者、無家可歸者和臨終者；她從十二歲起，直到八十七歲去世，從來不為自己、而只為受苦受難的人活著……

在這個世界上，古往今來有不少富豪，對窮苦人民慷慨解囊，有不少慈善家，開辦了孤兒院、養老院……然而，她不是富豪，因為她沒有留給自己一分錢，甚至她不去賺錢，不去捐款；她也不是一般的慈善家，因為她的目的，不是僅僅為窮人和鰥寡孤獨者提供衣食住處，不是僅僅為病人和受災遭難者提供醫療服務，而是要在這一切之中，這一切之外，為這些人帶去愛心，讓他們感到自己有尊嚴、感到自己被人愛！

為此，她願意向這些人下跪；她立志要服侍窮人，所以先將自己變成了窮人；她放棄了安適的修女和教師生活，穿上窮人的衣服，一頭栽進貧民窟、難民營和各式各樣的傳染病人之中，五十年如一日；她的追隨者們為了讓服

侍的對象覺得有尊嚴，也仿效她的行為，過著窮人的生活，以便成為窮人的朋友。

這種遠遠超過一般慈善事業的宗旨，體現在她的這句話中：「除了貧窮和饑餓，世界上最大的問題是孤獨和冷漠……孤獨也是一種饑餓，是期待溫暖愛心的饑餓。」所以，她的一生，用她自己的話來說，是「懷大愛心，做小事情」。

她，就是被稱為「貧民窟的聖人」的德蕾莎修女。

一九七九年，諾貝爾委員會從包括促成「大衛營協議」的美國總統卡特在內的五十六位候選人中，選出了她，把諾貝爾和平獎這項殊榮授予了這位除了愛一無所有的修女。

授獎公報說：「她的事業有一個重要的特點：尊重人的個性、尊重人的天賦價值。那些最孤獨的人、處境最悲慘的人，得到了她真誠的關懷和照料。這種情操發自她對別人的尊重，完全沒有居高施捨的姿態。」公報還說：「她個人成功地彌合了富國與窮國之間的鴻溝，她以尊重人類尊嚴的觀念在兩者之間建設了一座橋梁。」

她的答辭是：「這項榮譽，我個人不配領受，今天，我來接受這項獎金，是代表世界上的窮人、病人和孤獨的人。」

所以，把這筆巨額獎金全部用來為窮人和受苦受難的人們辦事，這對她來說是最最自然不過的事情。一向克己的她還向諾貝爾委員會請求取消照例要舉行的授獎宴會。諾貝爾委員會當然答應了這一請求，並且把省下來的七千一百美元贈予了她領導的仁愛修會。與此同時，瑞典全國掀起了向仁愛修會捐款的熱潮。自此以後，她的事業得到了全世界越來越多人的支持。

點評：

德蕾莎修女如此詮釋愛的真諦：愛是恆久忍耐、有恩慈，愛是不嫉妒，愛是不自誇、不張狂；不做害羞的事，不求自己的益處，不輕易發怒，不計

算人的惡，不喜歡不義、只喜歡真理；凡事包容、凡事相信，凡事盼望、凡事忍耐；愛是永不止息⋯⋯這無疑是對博愛最真摯、最完美的解釋。

延伸閱讀

視人之國，若視其國；視人之家，若視其家；視人之身，若視其身。

——《墨子·兼愛》

看待別人的國家，要像看待自己的國家一樣；看待別人的家，要像看待自己的家一樣；看待別人的生命，要像看待自己的生命一樣。

今天下之士，君臣相愛則惠忠，父子相愛則慈孝，兄弟相愛則和調；天下之人皆相愛，強不執弱，眾不劫寡，富不侮貧。

——《墨子·兼愛》

現在天下的人，君臣相愛就會施惠、效忠，父子相愛就會慈愛、孝敬，兄弟相愛就會和睦協調；天下的人都相愛，強者就不會壓制弱者，財物多的就不會脅迫財物少的，富有的就不會欺侮貧困的。

古兼者，聖王之道也，王公大人之所以安也，萬民衣食之所以足也。故君子莫若審兼而務行之。為人君必惠，為人臣必忠，為人父必慈，為人子必孝，為人兄必友，為人弟必悌。

——《墨子·兼愛》

所以說兼愛是聖王的常道，王公大人因此能夠安定，萬民的衣食因此能夠足用。所以君子最好細察兼愛的道理並努力去實行。做人君的一定要施恩惠，做臣子的一定要忠誠，做人父的一定要慈愛，做人子的一定要孝敬，做人兄的一定要愛護弟弟，做人弟的必須敬順兄長。

十六 切勿「小事明白，大事糊塗」

子墨子言曰：「今小為非，則知而非之。大為非攻國，則不知而非，從而譽之謂之義。」（語出《墨子·非攻》）

做小的壞事就知道去指責，而做大的壞事、攻伐別人的國家卻不知去指責，而是跟從他，讚譽他，並稱之為義。

小聰明者以自我為中心看問題，表現得聰明伶俐，機靈敏捷，善於偽裝。大智慧者以環境為中心看問題，表現得山水不露，穩重大方，高屋建瓴，有種水滴石穿的堅韌，有種成竹在胸的穩重。

子墨子言曰：「今小為非，則知而非之。大為非攻國，則不知而非，從而譽之謂之義。可為知義與不義之辯乎？」

——語出《墨子·非攻》

切勿「小事明白，大事糊塗」

鄭板橋老先生曾有一句名言：難得糊塗。這句話的核心內容就是小事糊塗，大事明白。對小事糊塗，其實裡面包含著極大的聰明和智慧；而對大事糊塗，那就是大愚了。

墨子對魯陽文君說：「世俗的君子們，都知道小道理而不知道大道理。現在這裡有一個人，偷了一隻狗和一隻豬，那麼就會說他不仁，偷了一個國家一個都城，卻會認為他合乎仁義。這就像看見一點白就說它白，看見一大片白卻要說它黑。所以世俗的君子們，只知道小道理而不知道大道理。」

對小的事情，很多人都會輕易做出是非曲直的判斷，但對大的事情，往往很少有人能高屋建瓴、審時度勢地從宏觀角度作出正確的理解。對此種觀點，墨子做出了很多類推性的批判。

如墨子在《墨子·非攻》說：「殺一個人叫做不義，一定會有一項死罪。如果按照這種說法類推，殺十個人，十倍的不義，一定會有十重的死罪了；殺一百個人，一百倍的不義，一定會有百重的死罪了。對此，天下之人都會

十六　切勿「小事明白，大事糊塗」

去指責他，稱他為不義。現在最大的不義就是攻伐別人的國家，但卻沒有人指責他，而是跟從他、讚譽他，稱之為義；他們的確不知這是不義之行，所以把那些贊同攻伐國家的話記錄下來以流傳後世。如果知道這是不義之行，又有什麼理由來解釋記錄這些不義之行，以流傳於後世子孫呢？」

其實小事聰明也是一種智慧的體現，但這種智慧是一種狹隘的、淺短的智慧。小事聰明者往往過於注重細節。他們看重的是眼前的得失，而不知長遠的利益；只知顯而易見的小是小非，而不明至真至純的大理大義；只想到局部的得失，而不顧及全局的統籌。因此，他們也常常在一些大事上犯糊塗。

而真正聰明智慧的人，不但在大事上從不糊塗，而且在小事上也會裝「糊塗」。這就使得他們在處理問題時遊刃有餘。

宋太宗時期，李繼遷割據西夏，屢犯邊境，宋軍在反攻時擒獲其母。太宗與寇準密商，決定誅殺其母以懲其犯邊之罪。呂端得知當即面諫太宗：「凡舉大事者不顧其親，殺其母只能結怨記仇，反而更加堅定其叛亂之心。」並建議「善養之，以招繼遷，雖不能降，亦可繫其心。」太宗採納了他的意見。後李繼遷及其母相繼去世，其子歸降。

除了呂端的大智謀，史書也多處記載了他的「糊塗」事例。寇準擢升為參知政事，呂端急流勇退，主動提出願居寇準之下。他勤於政務，不私其家。呂端輕財好施，不蓄私產，不問家事。他歷任州府，高居相位多年，三個兒子卻生活「貧匱」，為了生計，甚至把住宅也典當出去了，他這樣清慎潔守，確實「糊塗」得可以。

正是呂端在榮辱升遷、利害得失等所謂小事上的「糊塗」，才能在關乎國家興衰成敗的大事上「明白」。

小事糊塗是難得糊塗，大事明白則是大智慧，兩者結合起來，便是「大智若愚」。人生需要的正是這種大智慧。

吃古通今

楊修自幼聰穎過人，但可惜卻在關鍵的時候犯糊塗。

曹操建造花園，動工前，工匠們請曹操審閱花園工程的設計圖紙，曹操看了什麼也沒說，只在園門上寫了一個「活」字。工匠們不解其意，只好去問主簿楊修。楊修說：「丞相嫌園門設計得太大了。」工匠們按楊修的提示修改了方案。曹操見改造後的園門，心裡非常高興，問工匠們是如何知道自己的心意的，工匠們說多虧了楊主簿的指點。曹操口中稱讚楊修，心裡卻嫉恨楊修的才華。

　　曹操與楊修騎馬同行，當路過曹娥碑時，他們見碑陰鐫刻了「黃絹、幼婦、外孫、齏臼」八個字，曹操問楊修理解這八個字的意思嗎？楊修正要回答，曹操說：「你先別講出來，容我想想。」直到走過三十里路以後，曹操說：「我已明白那八個字的含意了，你說說你的理解，看我們是否所見略同。」楊修說：「黃絹，色絲也，並而為絕；幼婦，少女也，並而為妙；外孫，女子也，並而為好。齏臼，受辛也，並而為辭。這八個字是『絕妙好辭』四字，是對曹娥碑碑文的讚美。」曹操驚嘆道：「爾之才思，敏吾三十里也。」

　　曹操平漢中時，連吃敗仗。欲進兵，怕馬超拒守。欲收兵，又恐蜀兵恥笑，心中猶豫不決。適逢庖官進雞湯，操見碗中雞肋，沉思不語。這時有人入帳，稟請夜間口令，操隨口答：「雞肋！」楊修見令傳雞肋，便讓隨行軍士收拾行裝，準備歸程。將士們問何以得知魏王要回師，楊修說：「從今夜口令，便知魏王退兵之心已決。雞肋，食之無味，棄之可惜。今進不能勝，退恐人笑，在此無益，不如早歸。魏王班師就在這幾日，故早準備行裝，以免臨行慌亂。」曹操早恨楊修才高於己，今見楊修又猜透了自己的心事，便以擾亂軍心之罪，殺了他。

點評：

　　楊修聰明反被聰明誤，就是因為小事聰明、大事糊塗。聰明可以表現，但要注意對象和環境。楊修多次在頂頭上司面前要聰明，這種不知收斂的顯擺，即使極其愛才的曹操，也是無法忍受的。尤其是「雞肋」事件，動搖軍心之罪並非莫須有。在軍情緊要關頭，口無遮攔、不計後果、不顧大局地顯擺自己的小聰明，豈有不殺之理。

延伸閱讀

今小為非，則知而非之。大為非攻國，則不知而非，從而譽之謂之義。可為知義與不義之辯乎？是以知天下之君子也，辯義與不義之亂也。

——《墨子·非攻》

現在，做小的壞事就知道去指責，而做大的壞事、攻伐別人的國家卻不知去指責他，而是跟從他，讚譽他，並稱之為義。這是知道義和不義的區別嗎？由此可以知道，天下之人把義和不義的區別弄得混亂了。

十七 生活要節儉

子墨子言日：「去無用之費，聖王之道，天下之大利也。」（語出《墨子·節用》）

除掉無用的費用，是聖王的治國之道，這是天下的大利。

沒有勤儉節約的精神做支撐，國家是難以繁榮昌盛的，社會是難以長治久安的，民族是難以自立自強的，企業是難以持續發展的。而人生如果沒有勤儉節約的精神做支撐，生活亦不會幸福。

去無用之費

——《墨子·節用》

子墨子言日：「去無用之費，聖王之道，天下之大利也。」

——語出《墨子·節用》

生活要節儉

古老的中華民族，節儉理念深入人心，節儉之風代代相傳。西漢賈誼有言：「用之亡度，則物力必屈。」蜀漢三國諸葛亮說：「靜以修身，儉以養德。」大唐李商隱寫有「歷覽前賢國與家，成由勤儉破由奢」的著名詩句。明朝朱柏廬寫道：「一粥一飯，當思來之不易；半絲半縷，恆念物力維艱。」

在百家爭鳴的春秋戰國時期，節儉更是墨家學說的核心內容。墨子有語：「儉節則昌，淫佚則亡。」

墨子認為，古代聖人治政，宮室、衣服、飲食、舟車只要適用就夠了。而現在的統治者卻在這些方面窮奢極欲，大量耗費百姓的民力財力，使人民生活陷於困境，甚至讓很多男子過著獨身生活。因此，他主張凡不利於實用，不能給百姓帶來利益的東西，應一概取消。

技藝：凡天下百工，如製車輪的、造車子的、製皮革的、燒陶器的、冶煉金屬的、當木匠的等，使各人從事自己擅長的技藝，足以滿足民眾的需要就可以了。

飲食：足以充饑增氣，強壯手腳身體，使耳聰目明，就可以了。不極盡五味的調勻和香氣的調和，不招致遠方珍貴奇異的食物。

衣服：冬天穿青色的衣服，又輕又暖和；夏天穿細葛布或粗麻布，又輕便又涼爽，就可以了。

房屋：房屋四面可以抵禦風寒，上面可以防禦風霜雨露，房屋裡面光明潔淨，可以祭祀，牆壁足以使男女分別居住，就可以了。

喪葬：衣三件，足以使死者肉體朽爛在裡面；棺木三寸厚，足以使死者骨頭朽爛在裡面；掘墓穴，要深但不通泉水，屍體的氣味不發洩出來，死者既已埋葬，生者就不要長久因喪致哀。

鋪張浪費則困，勤儉節約則昌，自古皆然。遠古時期，物資匱乏，節用節儉便成為興國利民的重要手段。因而，古時賢明的君主為提倡節儉，常制定出一些具體的規定，這些也是墨子認為當局的統治者應該學習的。

在古人的眼中，節儉，既是修身養性所必須，同時也與國家、民族的命運緊密相連。今天亦然。

「天育物有時，地生財有限。」節儉是長久國策，不是權宜之計。節儉，不僅僅是對人、財、物的節省或限制使用，而且還包含了如何使用才能更加合理、恰當和高效。地球上的資源在總量上是有限的，所以，無論是發達還是落後，富裕還是貧窮，都需要厲行節儉。

節儉是一種美德，是一種修養。節儉是對自身欲求有節制，對國家、民族、家庭、自我負責任。節儉是一種力量。節儉往往和進取、積極、奮鬥、樂觀向上的人生態度相關。一個人、一個企業、一個單位重視節儉，就能更有計劃、有目標、有條理地去實現自己的追求。節儉體現的是一種憂患意識，一種可持續發展的深謀遠慮，是為子孫後代著想的未雨綢繆之舉。

節儉，對任何人來說都刻不容緩。

吃古通今

世界上最大的零售企業沃爾瑪，其創始人山姆·沃爾頓說：「我從很小起就知道，用自己的雙手賺取一美元是多麼艱辛，而且也體會到，當你這樣做了，就是值得的。有一件事我和爸爸媽媽的看法一致，即對錢的態度：絕不亂花一分錢！」

山姆的節儉確實是出了名的。有億萬家財的他卻駕著一輛老舊的貨車；戴著印有沃爾瑪標誌的棒球帽；去小鎮街角的理髮店理髮；在自家的折扣百貨店購買便宜的日常用品；公務外出時，總是盡可能與他人共住一個房間，而旅館多為中階等級的；外出就餐，也只去家庭式小餐館……

山姆沃爾頓出生在美國中西部小鎮的普通農民家庭，成長於大蕭條時期，這一切造就了他這種努力工作和節儉樸素的生活方式。

「我們就是這樣長大的。當有一枚一分錢硬幣丟在街上時，有多少人會走過去把它撿起來？我打賭我會，而我知道山姆也會。」沃爾瑪公司的一位經理這樣說。

因為山姆從小就體會到了每一分錢的價值，所以他亦深知沃爾瑪的每一分錢都是辛苦賺來的，因此，他始終保持著相當簡樸的生活，與一般中等收入家庭的水準沒有太大差別。他坦言，並不指望自己的子孫將來為上學去打工，如果他們有追求奢侈生活而不努力工作的想法，即使百年之後，他也會從地底下爬出來找他們算帳，所以，「他們最好現在就打消追求奢侈生活的念頭」。

在很早的時候，山姆的節儉就非常出名了。有一次，一名員工被山姆派去租車，很快山姆又叫他退租，原因很簡單，因為他不願租用任何一種比小型汽車更大的汽車。這位員工進一步解釋了山姆這一行為：不願意讓人看見他用的東西比他下屬使用的更好，山姆也不會住在比他下屬所住的更好的旅館裡，也不到昂貴的餐廳進食，也不會去開名牌的汽車。

　　山姆搭乘飛機時，也只買商務艙。有一次山姆要去南美，下屬只買到了頭等艙票，結果他很不高興，但是也不得不去，因為這是最後一張票了。他的助手說：「這是我知道的他唯一一次坐頭等艙的經歷。」

　　山姆在自傳中寫到：

　　「當我已在世界上嶄露頭角，準備做出自己的一番事業時，我早已對一美元的價值懷有一種強烈的、根深蒂固的珍重態度。」

點評：

　　海爾執行長張瑞敏說過：不簡單，就是將簡單的事做千遍萬遍做好；不容易，就是將容易的事做千遍萬遍做對。平凡與不凡只一步之遙，從我做起，從節約一滴水、一度電、一克煤做起，從自身做起，持之以恆，你我就是成功者，你我就是偉人。只要堅持從小事做起，並堅持下去，你很快就會發現一美元的真正意義。

延伸閱讀

　　聖人為政一國，一國可倍也；大之為政天下，天下可倍也。其倍之非外取地也，因其國家去其無用之費，足以倍之。

——《墨子·節用》

　　聖人在一國執政，一國的財利可以成倍增加。大到在全天下執政，天下的財利可以成倍增加。財利的加倍，並不是向外掠奪土地，而是透過國家省去其不必要的費用，因而足以加倍。

　　古者聖王制為衣服之法，曰：「冬服紺之衣，輕且暖；夏服絺綌之衣，輕且清，則止。」諸加費不加於民利者，聖王弗為。

——《墨子·節用》

　　古代聖王制定做衣服的法則是：「冬天穿的深青色的衣服，輕便而暖和；夏天穿的細葛布或粗葛布的衣服，輕便而又涼爽，這就可以了。」其他種種只增加費用而不更加有利於民用的，聖王不去做。

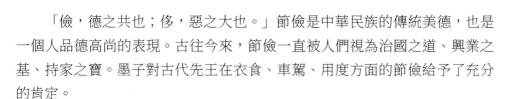

輕車簡行

「儉，德之共也；侈，惡之大也。」節儉是中華民族的傳統美德，也是一個人品德高尚的表現。古往今來，節儉一直被人們視為治國之道、興業之基、持家之寶。墨子對古代先王在衣食、車駕、用度方面的節儉給予了充分的肯定。

十八　勿以惡小而為之，勿以善小而不為

子墨子言曰：「戒之慎之，處人之家不戒不慎之，而有處人之國者乎？」（語出《墨子·天志》）

如今有人身處家中犯了錯，還尚有別家可以逃避。但是父親告誡兒子，兄長告誡兄弟，說：「要小心謹慎，身處家中不小心不謹慎，又怎麼能處身於國中呢？」

勿以惡小而為之，勿以善小而不為。輕視一件平凡的小事，就不會做出偉大的事情；輕視一滴水，就不會有浩瀚的汪洋；輕視一塊磚瓦，就不能蓋好高樓大廈。

子墨子言曰：「入則慈孝於親戚，出則弟長於鄉里，坐處有度，出入有節，男女有辨。是故使治官府則不盜竊，守城則不崩叛，君有難則死，出亡則送。」

——語出《墨子·非命》

勿以惡小而為之，勿以善小而不為

「勿以惡小而為之，勿以善小而不為」。這是三國時期劉備在白帝城臨終時囑咐兒子劉禪的話，意在教育劉禪不可輕視小事情，不要因為好事影響小就不去做，也不要因為壞事影響小就去做。

墨子也持有同樣的觀點。墨子說，如今有人身處家中犯了錯，還尚有別家可以逃避。但是父親告誡兒子，兄長告誡兄弟，說：「小心、謹慎，身處家中不小心不謹慎，又怎麼能處身於國中呢？」

的確，勿以惡小而為之，一個人犯錯誤，也往往是從並不起眼的小事開始的。俗話說：「小時偷針，大了偷金。」「千里之堤，潰於蟻穴。」講的就是這個道理。壞事雖小，但它能腐蝕一個人的靈魂，日積月累，就會從量變發展到質變，最後就會跌進犯罪的泥坑，成為可恥的罪人。

有些人平時不注意自己的道德修養，殊不知，輕視一件件平凡的好的小事，就不會做出偉大的事情；輕視一滴水，就不會有浩瀚的海洋；輕視一棵樹，就不會有茂密的森林；輕視一磚一瓦，就不能蓋好高樓大廈。

智者到海灘上散步，看見許多海星被早潮沖上海灘，當潮水退去的時候，這些海星被留在了海灘上。智者知道，如果被正午毒辣的陽光照射到的話，海星很快就會死去。因為剛剛退潮，所以大部分的海星都還活著。智者向前走了幾步，撿起一隻海星，把牠丟進了海裡。

智者就這樣不停的撿啊撿，一隻隻把牠們扔進海裡。這時，一個漁夫正走在他的後面，他不理解智者為什麼這麼做，於是就追上去問：「你在做什麼？海灘上有成千上萬隻海星，你能夠救幾隻？救不救幾個海星又有什麼區別？」

智者並沒有直接回答漁夫的問題，而是又向前走了幾步，撿起一隻海星，把牠丟進海裡，然後轉過頭來說道：「對這隻海星來說，撿不撿有很大區別。」

智者的話深刻地說明了「勿以善小而不為」的道理。

然而，一個人做一件好事並不難，難的是做一輩子的好事。如果一個人堅持做好事而不做壞事，那麼，他必然會得到社會的尊重，人們的讚揚。

一次關燈，一句善語，一次讓座，一個微笑，都是對公眾利益的貢獻。小小的善舉，舉手之勞，並不需要我們付出很多，卻能換來諒解、和睦、友誼，為社會做點事，為他人做點事，為自己做點事，美好的生活在大家的點點滴滴中創造，在持之以恆中延伸。

請留意你的行動，因為行動能變成習慣，請留意你的習慣，因為習慣能成為性格，請留意你的性格，因為性格能決定你的命運。小與大是相對的，但善與惡卻是絕對的，再小的善也是善，再小的惡也是惡。善是一種循環，惡也是一種循環。

勿以善小而不為，勿以惡小而為之。如果你的一句話、一次伸手，能幫助更多的人，那麼請留下你的足跡。

吃古通今

美國石油大亨保羅·蓋蒂曾經是個大菸槍，菸抽得很凶。

有一次，他度假開車經過法國，天降大雨，開了幾小時車後，他來到一個小城的旅館過夜。吃過晚飯，疲憊的他很快進入了夢鄉。

凌晨兩點鐘，蓋蒂醒來。他想抽一根菸。打開燈，他自然伸手去抓睡前放在桌上的菸盒，不料裡頭卻是空的。他下了床，搜尋衣服口袋，毫無所獲，他又搜找行李，希望能發現他無意中留下的一包菸，結果又失望了。這時候，旅館的餐廳、酒吧早關門了，他唯一能夠得到香菸的辦法是穿上衣服，走出去，到街外的火車站去買，因為他的汽車停在距旅館有一段距離的停車場裡。

越是沒有菸，想抽的欲望就越大，有菸癮的人大概都有這種體驗。蓋蒂脫下睡衣，穿好了出門的衣服，在伸手去拿雨衣的時候，他突然停住了。他問自己：我這是在做什麼？

蓋蒂站在那兒尋思，一個所謂知識分子，而且相當成功的商人，一個自以為有足夠理智對別人下命令的人，竟要在三更半夜離開旅館，冒著大雨走過幾條街，僅僅是為了得到一支菸。這是一個什麼樣的習慣，這個習慣的力量有多麼強大？

片刻之後，蓋蒂下定了決心，把那個空菸盒揉成一團扔進了垃圾桶，脫下衣服換上睡衣回到了床上，帶著一種解脫甚至是勝利的感覺，幾分鐘就進入了夢鄉。

從此以後，保羅·蓋蒂再也沒有吸過香菸，當然他的事業也越做越大，成為世界頂尖富豪之一。

點評：

習慣的力量是巨大的，有幸養成一些好習慣，則會終生受益；但一旦沉溺於壞習慣之中，就會不知不覺把自己毀掉。要想培養自己良好的行為習慣，就要從小事做起，從點滴做起，在不起眼的小事中不斷培養高尚的品德。

延伸閱讀

是以入則慈孝於親戚，出則弟長於鄉里，坐處有度，出入有節，男女有辨。是故使治官府則不盜竊，守城則不崩叛，君有難則死，出亡則送。

——《墨子·非命》

因此，人們在家都孝順父母，出外則尊敬鄉里的長者，起居有常，出入有節，男女有別。因此，讓他們出任官職，治理官府，就不會偷盜國家財物，讓他們去鎮守城池，就不會發生叛亂。君主有難，他們就替國君去死，君主出外逃亡，他們就會跟著護送。

是故入則不慈孝於親戚，出則不弟長於鄉里，坐處無度，出入無節，男女無辨。是故治官府則盜竊，守城則崩叛，君有難則不死，出亡則不送。

——《墨子·非命》

因此，在家就不孝順父母，出外不尊敬鄉里長者，起居無常，出入無節，男女無別。因此，讓他們做官就會偷盜公物，鎮守城池就會背叛作亂，君主有難不能替死，君主出逃不能護送。

十九 自信、自立、自強

　　子墨子言曰：「昔上世之窮民，貪於飲食，惰於從事，是以衣食之財不足，而饑寒凍餒之憂至。不知曰『我罷不肖，從事不疾』，必曰『我命固且貧』。」（語出《墨子·非命》）

　　古時的窮民對飲食很貪婪，又懶於勞動，所以衣食財物不足，常有饑餓寒冷之憂。他們不懂得：「這是我懶惰不中用，幹活不賣力。」而是認為：「我命中注定要窮困貧乏。」

　　不要覺得命運對自己不公平，因為命運掌握在自己手裡；不要覺得自己能力不行，那是因為自己沒有付出足夠的努力。每個人都應該自信、自立和自強。

　　自信、自立、自強

　　子墨子言曰：「今人與此異者也，賴其力者生，不賴其力者不生。」

——語出《墨子·非樂》

自信、自立、自強

　　世事難料，生活中人們總會遇到一些荊棘與坎坷。當這些不幸將我們籠罩時，其中有些人便會沮喪、失望、痛苦、逃避、低頭、認輸……

　　其實，以消極的態度面對人生旅途上的困難和險阻，是不幸中的不幸。因為從誕生的第一天起，生命便賦予我們正視這個世界的勇氣，我們的命運從此由自己掌握，我們有能力去改變，去選擇，去追求我們想要的生活。

　　墨子說：「古代治理國家的王公大人，都想使國家富強，人口眾多，法律政事有條理。然而求富不得反而貧窮，人口不增反而減少，想治理好反而混亂，這是從根本上失去了所想的，而得到了所憎惡的。」這是為什麼呢？墨子認為是持「有命」觀點的人太多了。

　　主張「有命」的人說：「命裡富裕就富裕，命裡貧窮就貧窮；命裡人口眾多就人口眾多，命裡人口少就人口少；命裡治理得好就治理得好，命裡混

亂就混亂；命裡長壽就長壽，命裡短命就短命。雖然自己力量強大，又有什麼用呢？」

針對「有命」的觀點，墨子從「本源的、推究的、實踐的」三個方面進行了有力的辯析。其中，墨子說道：「現在天下的士人君子，有的認為有命。為什麼不向上看看聖王的事跡呢？古代，夏桀亂國，商湯接過國家並治理它；商紂亂國，武王接過國家並治理它。這個世界並沒有改變，人民沒有變化，桀紂時天下就混亂，湯武時天下就得到治理，怎麼能說是有命呢？」

墨子對「有命」論的批判啟示我們，人應自信、自立和自強，尤其是面對困難的環境時，更要相信自己，努力去改變不利局面，在困境中自立、自強。

人必須要自信。有自信才能果斷、勇敢、堅決。才能勇往直前，才能有事業成就。自信心不是天生的，自信心靠勇氣、意志、毅力和足夠的知識，靠堅持不懈的實踐鍛鍊，永不言棄。

自立是不依賴別人的一種自立意識和自立能力。自立是一種生存方式和生活態度，自立也是一種人格特徵和價值取向，它體現了人的獨立人格、人的自由精神、人的進取精神和人的創新精神。

自強就是從不相信命運的安排，勇於奮鬥，在鑄就輝煌的洪爐中，把失敗擠壓成動力，把挫折捶打成練達，把自卑表達成自信，把不滿改寫成奮鬥，把孤傲揮灑成壯觀，沿著希望的曲線走向勝利的人生。

人生的旅途中，我們每個人都不會走得一帆風順，必定會遇到許多大大小小的挫折與坎坷。可為什麼有些人總是比其他人更成功，賺更多的錢，擁有不錯的工作、良好的人際關係、健康的身體，似乎他們的生活就是比別人過得好，而許多人忙忙碌碌地勞動卻只能維持生計呢？

不少心理學專家發現，這個祕密就是心態。一位哲人說：「你的心態就是你真正的主人。」一位偉人說：「要麼你去駕馭生命，要麼是生命駕馭你。你的心態決定誰是坐騎，誰是騎師。」

而良好的心態，就來自於自信、自立、自強。

吃古通今

他出生的時候，他的世界一片黑暗，低矮的屋簷，昏暗的房間，他的皮膚，以及周圍人們眼裡的那種冷漠而瘋狂的目光。

他長得並不高大，所以在他最應該快樂的童年時光裡，他只看到了人性的自私與醜惡，在這樣一個罪惡的環境裡，他似乎只有選擇墮落，然後消亡在對這世界的憎惡之中。

然而一個人改變了這一切，一個普通的黑人婦女，他的媽媽——他相信這是上帝發現對他的不公之後給他的補償。

他喜歡籃球。但他的身高使他只能在球場邊靜靜地看著高個子們的表演。在他沮喪至極的時候，媽媽來到他的身邊，用一種不容反抗的口吻對他說，你是個男子漢，不比任何人差，我希望我的兒子是最出色的，去做給我看。

從那時開始，他便有了一種桀驁的眼神，藐視一切，在他心中只有一句話——Some men are born to be heros。

媽媽默默地支持著他，為了給他買一雙球鞋，她甚至願意不用電燈，每天晚上在黑暗中，看著他在院子裡運球。

幾年之後，他擁有了一副強壯的身體，還有無與倫比的速度，以及令所有對手膽寒的那一種眼神。在大學的籃球場上，他打敗了所有的對手，他們對他束手無策，他像一陣風一樣穿梭在球場上。

然後他來到了 NBA，一個充滿了金錢與夢想的地方。之後，他有了幾個不錯的隊友，隊友們看得出他眼裡對勝利的渴望，便竭盡全力幫他實現夢想。因為他已經被人稱為飛人的接班人，他必須用總冠軍的戒指來證明自己的價值。

他打敗了東部所有頂尖的後衛，用他的速度，和隱藏在眼神之後的執著信念。在一場大戰之後，一個叫做雷·艾倫的傢伙敗在了他的腳下，他很強，在技術上無可挑剔，但他敗給了他的信念，他沒有一種王者之氣。

　　然後，他們就來到了洛杉磯。在這片黃色的浪潮之中，席捲著一股令人壓抑的氣息，那是屬於征服者的。

　　比賽開始之前，他身上有十多處傷痕，所有的人都認為他們會輸，並且不堪一擊。他想，他會給出一個令他們驚訝的答案。

　　後來媽媽告訴他，當她看到他孤身一人對抗那個王朝的時候，她為他感到自豪，她的兒子用自己瘦小的身影傲立在浪尖之上，向整個世界宣布，他，是一個英雄。

　　那場比賽之後，他精疲力盡，他們還是丟掉了總冠軍的戒指……

　　當年的情景已經在他腦海中漸漸淡去，他們也似乎離總冠軍越來越遠。但是他的眼神依舊未變，永遠充滿了對勝利的渴望。或許他拿不了總冠軍，或許他永遠也無法成為喬丹那樣的王者。但他不在乎，他只知道，他的媽媽，再也不用在黑暗裡度過黑夜。而當年的那個窮小子，如今再也不會沒有鞋穿！

　　他，這個當年的窮小子，就是身高一百八十三公分的 NBA 最優秀後衛之一——艾倫·艾佛森。

點評：

　　艾倫·艾佛森出身貧寒，成長環境惡劣，長得也並不高大……雖然種種外因內因都不利於他走向由衷熱愛的籃球之路，但他始終自信、自立、自強，依靠頑強拚搏、永不言敗的奮鬥精神，克服了重重困難，很快就在籃球聖殿裡打出了一片屬於自己的天地。艾佛森依靠自信、自立、自強獲得了成功，他這種頑強的拚搏精神感染了無數人。迄今為止，他仍是全世界最受歡迎的籃球運動員之一。

今人固與獸麋鹿蜚鳥貞蟲異者也。今之禽獸麋鹿蜚鳥貞蟲，因其羽毛以為衣裘，因其蹄蚤以為絝屨，因其水草以為飲食，故唯使雄不耕稼樹藝，雌不紡績織紝，衣食之財固已具矣。今人與此異者也，賴其力者生，不賴其力者不生。

——《墨子·非樂》

　　而今的人類與禽獸麋鹿、飛鳥爬蟲當然是有區別的。禽獸麋鹿、飛鳥爬蟲，依靠自己的羽毛為衣裘，依靠自己的蹄爪為鞋褲，依靠水草為飲食，因此，雄性的不必農耕播種，雌性的也不必紡紗織布，牠們的衣食之財，本來就已具備了。人與牠們是不同的，人要依賴自己的力量才能生存，不依賴自己的力量就不能生存。

二十 為人要謹守孝道

子墨子言日：「孝，利親也。以親為芬，而能能利親，不必得。」（語出《墨子·經上》）

孝，以親人為重，盡其所能做有利親人的事情，卻不一定乞求從親人那裡得到什麼。

從家庭的角度而言，孝道主要表現為孝敬父母、愛護家產和恪守家風；推廣到社會，遵循「孝道」則應尊敬長輩、守護家園和講究文明。

孝，利親也。

——《墨子·經上》

子墨子言日：「無敢舍餘力，隱謀遺利，而不為親為之者矣。」

——語出《墨子·節葬》

為人要謹守孝道

孝是中國傳統文化的核心觀念，「善事父母」是孝的基本含義。在古代，孝不僅被看作為一種家庭道德，而且被泛化為個體、政治、社會道德，有立身、事君、處世等廣泛的衍生意義。

早在西周時期，「孝」曾是殷周宗法觀念的突出體現，是周禮的一個核心觀念。哲學史家侯外廬先生就指出：有孝有德是周代道德的綱領。孝的觀念和殷周宗法社會結構緊密聯繫，往往成為維護家庭本位的基本環節，故傳統中國歷來有「孝治天下」的說法。

忠君報國的「忠」和孝以治家的「孝」，只是範圍大小的不同，在本質上是一樣的。但是做為家庭親情倫理核心的孝道，要不要貫徹功利主義的價值原則，能不能具有功利觀念的內容，卻有諸多不同的看法。對此，墨家和儒家便有不同的理解。

後期墨家確立「孝，利親也」的命題，肯定孝道除親情倫理外，不能只講道義，也要有功利的考慮，給雙親以利益和實惠。

如墨子在提倡「兼相愛、交相利」時，就已主張要和孝悌之道相搭配，認為行兼愛者「為人父必慈，為人子必孝」。但後期墨家則以「孝，利親」的命題，又把做為親情倫理和政治倫理的孝道發展成一種功利價值觀念。在這裡，我們就要有所批判地繼承了。

《孝經》認為：孝是「天之經也，地之義也，民之行也」，其將孝看作是天地間最要緊的事。

李鴻章七十大壽時曾有詩：「已無朝士稱前輩，尚有慈親喚小名。」一代元老，位極人臣，古稀之年，仍不減赤子之心。尚有老媽媽健在，喊著自己的小名，問這問那，他認為是人間至樂！

古往聖賢無不謹守孝道，他們的言行為我們做出了很好的榜樣。

著名醫藥學家孫思邈用畢生精力研究醫藥學，所著《千金方》記載了八百多種藥物和三千餘個藥方，史稱「藥王」。這位藥王學醫的最初動機是為了替父母治病。

孫思邈出生於陝西耀縣的一個貧苦家庭，父親是一名木匠。在他七歲時，父親得了雀目病（即夜盲症），母親患了粗脖子病。有一次，父親在鋸木時，看到他在一邊發呆，便問他：「孩兒，你長大了也要做木匠嗎？」孫思邈回答說：「不，我要做一名醫生，好替父母親治病。」父親見他一片孝心，心裡十分感動。

孫思邈十二歲時，父親開始送他去學醫，幾年之後，孫思邈便回到家鄉為鄉親們治病。有一次，他治好了一位病人的痼疾，病人到家裡來答謝，得知孫思邈父母也身患痼疾，這位病人對孫思邈說：「我聽說太白山麓有一位叫陳元的老醫生能治你母親的病。」孫思邈聽了非常高興，第二天就前往太白山。從家鄉到秦嶺太白山有四百里路程，孫思邈走了半個月才打聽到陳元醫生，並拜他為師。陳元見他一番孝誠之心就收他為徒。

不久，精心學習鑽研的孫思邈便找到了方法。他立即回家替父母親治病。很快，他父母親的雀目病和粗脖子病就痊癒了。

　　誰言寸草心，報得三春暉。孫思邈恪守孝道，並以此來決定自己的人生道路，他毫不猶豫地準備用自己的一生來踐行他心目中的孝道。最終，他至真至誠的孝心，使他輕鬆地實現了自己的願望。

　　孫思邈的故事讓人感動，也給人教益。一個人要理解人生，要立身處世，最重要的一點，就是要理解父母養育自己的似海恩情。在兒女成長中，長輩們的辛勞與期待，實可感天動地。而兒女對父母的孝敬，不僅是愛，更是一種義不容辭的責任。

延伸閱讀

　　臣子之不孝君父，所謂亂也。子自愛，不愛父，故虧父而自利；弟自愛，不愛兄，故虧兄而自利；臣自愛，不愛君，故虧君而自利，此所謂亂也。雖父之不慈子，兄之不慈弟，君之不慈臣，此亦天下之所謂亂也。

——《墨子·兼愛》

　　臣與子不孝敬君和父，就是所謂的亂。兒子愛自己而不愛父親，因而損害父親以自利；弟弟愛自己而不愛兄長，因而損害兄長以自利；臣下愛自己而不愛君主，因而損害君主以自利，這就是所謂的亂。反過來，如果父親不慈愛兒子，兄長不慈愛弟弟，君主不慈愛臣下，這也是天下所謂的禍亂。

　　親貧則以事乎富之，人民寡則從事乎眾之，眾亂則從事乎治之。當其於此也，亦有力不足，財不贍，智不智，然後已矣。無敢舍餘力，隱謀遺利，而不為親為之者矣。

——《墨子·節葬》

　　雙親貧窮就設法使之富足，人口少就設法使之增加，人多而亂，就設法使之安穩和睦。當孝子這樣做時，也有因力量不夠、財物不足、智謀不足而停下來的。但卻沒有敢廢棄餘力、隱藏智謀、保留財用，而不替雙親辦事的人。

二十一 給人以充分信任

子墨子言曰：「權慮不疑，說在有五。疑，無謂也。」（語出《墨子經下》）

確定下來就不再懷疑，因為有理由證明。懷疑，是因為沒有理由。

給人以充分信任，可以使人身心愉悅，保持積極進取的精神狀態，並產生高度的責任感。信任是架在人心中的一座橋梁，是溝通心靈的紐帶，是振盪情感之波的琴弦。

疑，無謂也。

—— 《墨子·經下》

子墨子言曰：「子在軍，不必其死生；聞戰，亦不必其生。前也不懼，今也懼。」

——語出《墨子·節用》

給人以充分信任

信任是一種高尚的情感，信任是一種連接人與人之間的紐帶。你應該信任另一個人，除非你能證實那個人不值得你信任；你也有權得到另一個人的信任，除非你已被證實不值得那個人信任。

墨子舉薦門人耕柱子到楚國做官。有幾個同門去拜訪耕柱子，耕柱子請他們吃飯，每餐只有三升米，招待他們不優厚。

這幾個人回來告訴墨子說：「耕柱子在楚國沒有什麼益處了，我們去拜訪他，他招待我們吃飯，每餐只有三升米，招待我們很不優厚。」

墨子回答說：「這還未為可知！」

沒過多久，耕柱子讓人送十鎰黃金給墨子，說：「弟子死罪死罪，這裡有十鎰黃金，請老師使用。」

墨子說道：「果然是未為可知啊！」

　　人與人之間的信任是很堅固的，但是又特別地脆弱，它需要我們耐心的呵護與珍惜，我們可以和不同的人有不同的友誼，然後產生相互之間的信任，朋友間的信任也如仇恨一樣令人沒齒難忘。耕柱子是墨子的得意門生，墨子對他當然是信任有加的。

　　墨子思想是極強調信任的。如《七患》中說：「所信不忠，所忠者不信，六患也。」《修身》中說：「志不強者智不達，言不信者行不果。」對信人，墨子強調忠孝的品質。對被信，墨子強調言行一致，只有言而有信，說到做到，才能得到別人的信任和支持。

　　信任是一種高尚的情感，是維繫人與人之間的紐帶。人與人之間應該多一些信任，少一些猜疑，多一些關懷和愛心，少一些自私和冷漠，信任自己，信任他人，這是不變的生存之道。

　　赤壁之戰前夕，曹操率領八十三萬大軍準備渡過長江，占據南方。曹操的部隊都由北方騎兵組成，善於陸戰，不善於水戰，幸好降將蔡瑁、張允精通水戰，曹操立刻予以重用，讓其訓練水軍。

　　東吳主帥周瑜見對岸曹軍在水中排陣，井井有條，心中大驚，便欲除掉這兩個心腹大患。恰好昔日同窗蔣幹來替曹操遊說。他便將計就計，故意讓蔣幹偷看了一封信，這封假冒的信是蔡瑁、張允寫來，信中約定與周瑜裡應外合，擊敗曹操。

　　蔣幹得知密信後，連夜趕回曹營報知曹操，曹操頓時大怒，殺了蔡瑁、張允。等曹操冷靜下來，才知中了周瑜反間之計。

　　曹操沒有給予蔡瑁、張允以充分的信任，這也直接導致了他在赤壁之戰中的失敗。

　　墨子的言行和歷史上的諸多教訓告訴我們，在自己努力做到言必行、行必果的同時，也應給予別人充分的信任。尤其是當一些突發的假象在「證明」不應該繼續給予別人信任時，更應該冷靜下來，再多給別人一點時間，相信時間會證明，你的堅持是正確的。

吃古通今

一艘貨輪在煙波浩渺的大西洋上行駛。一個在船尾從事雜務工作的黑人小孩，不慎掉進了波濤滾滾的大西洋。孩子大喊救命，無奈風大浪急，船上的人誰也沒有聽見，他眼睜睜地看著浪花托著貨輪越來越遠……

求生的本能使孩子在冷冰的水裡拚命地游，他用全身的力氣揮動著瘦小的雙臂，努力使頭伸出水面，睜大眼睛盯著輪船遠去的方向。

船越來越遠，船身越來越小，到後來，什麼都看不見了，只剩下一望無際的汪洋。孩子力氣也快用完了，實在游不動了，他覺得自己要沉下去了。放棄吧，他對自己說。這時候，他想起了老船長那張慈祥的臉和友善的眼神。不，船長知道我掉進海裡後，一定會來救我的！想到這裡，孩子鼓足勇氣用生命的最後力量又朝前游去……

船長終於發現這個黑人孩子失蹤了，當他斷定孩子是掉進海裡後，便下令返航，回去找。這時，有人規勸：「這麼長時間了，就是沒有被淹死，也讓鯊魚吃了……」船長猶豫了一下，還是決定回去找。又有人說：「為一個黑人孩子，值得嗎？」船長大喝一聲：「住嘴！」

終於，在那個孩子就要沉下去的最後一刻，船長趕到了，將他救了起來。

孩子甦醒過來之後，跪在地上感謝船長的救命之恩，船長扶起孩子問：「孩子，你怎麼能堅持這麼長時間？」

孩子回答：「我知道你會來救我的，一定會的！」

「你怎麼知道我一定會來救你的？」

「因為我知道您是那樣的人！」

聽到這裡，白髮蒼蒼的船長碰的一聲跪在黑人孩子面前，淚流滿面：「孩子，不是我救了你，而是你救了我啊！我為我在那一刻的猶豫而感到恥辱……」

點評：

　　一個人能被他人信任是一種幸福，他人在絕望的時候想起你，相信你會給予救助更是一種幸福。在人際交往中，可悲的不是信任，也不是不信任，而是表面上信任你，內心卻戒備森嚴。平時我們要養成對自己的承諾負責的精神，不要向別人輕易許諾你辦不到或沒把握的事情，這樣才能有效避免失信，失信也是得不到信任的一個重要原因。

延伸閱讀

　　無說而懼，說在弗心。子在軍，不必其死生；聞戰，亦不必其生。前也不懼，今也懼。

——《墨子·節用》

　　沒有理由而感到恐懼，是不對的。因為不能斷定為必然。兒子在軍中，不能斷定他是活著還是死了；戰爭發生時，也不能斷定他是活著還是死了。但是先前不害怕，現在卻害怕了。這就是「沒有理由而感到恐懼」。

耕柱子仕楚

　　信任是溝通交往的基礎，猜疑是維護人際關係的大敵。人都希望獲得信任，而要獲得別人的信任，就應先做個值得別人信任的人。對別人猜疑的人，是難以獲得別人的信任的。

二十二 做人要有原則

子墨子言曰：「去之苟道，受狂何傷！古者周公旦非關叔，辭三公，東處於商蓋，人皆謂之狂，後世稱其德，揚其名，至今不息。」（語出《墨子·耕柱》）

假如離開符合道義，即使蒙受眾人的指責又有何妨。從前，周公旦駁斥管叔的流言，辭掉三公的爵位，住在東方的商奄，人們都說他瘋了，但後人都稱頌他的德行，讚頌他的美名，直到現在都不曾停止。

做人不能沒有原則。沒有原則，也就沒有了衡量對與錯的尺度，如果自己都不知道哪些事該做，哪些事不該做，那麼，就很容易走入歧途。

去之苟道，受狂何傷。

——《墨子·耕柱》

子墨子言曰：「吾言足用矣，舍言革思者，是猶舍穫而拾粟也。」

——語出《墨子·貴義》

做人要有原則

雖然每個人的生活環境不同，教育程度不同，所追求的目標和理想也不盡相同，但是，在內心深處，每個人都會有不同程度的做人原則。

做人的原則應該是多方面的。比如說對待學業、生活、工作等，每個人都會有自己的原則，也就是說有個做人做事的底線，會有所為有所不為，懂得哪些事應該努力去做好，哪些事可以做，而哪些事是絕對不能做的。

墨子讓管黔敖舉薦高石子去衛國做官，衛國國君給予高石子的俸祿非常優厚，安排他在卿的爵位上。高石子三次朝見衛君，都把自己的想法說了出來，但是他的言論並沒有被衛君採用，高石子只好離開衛國到了齊國。

　　高石子見了墨子說：「衛國國君因為老師的緣故，給我的俸祿非常優厚，安排我在卿的爵位上，我三次朝見衛君必定把意見說完，但是我的言論並沒有被採用，因此便離開衛國。衛君不會以為我發瘋了吧？」

　　墨子說：「離開衛國，假如還符合道義，即使蒙受發瘋的指責又有何妨！從前，周公旦駁斥管叔的流言，辭掉三公的爵位，住在東方的商奄，人們都說他瘋了，但是後人都稱頌他的德行，讚頌他的美名，直到現在還不曾停止。況且我聽說：『為義並不是逃避詆毀而追求稱譽』。離開，假如還符合道義的話，雖蒙受發瘋的指責，又有什麼關係！」

　　高石子說：「我離開衛國，哪敢不遵守道義的原則。從前老師有這樣的話：『天下無道，仁人之士不應該處在厚祿的位置上。』現在衛國國君無道，如果去貪圖他的俸祿、爵位，那麼就是我白吃人家的糧食了。」

　　墨子聽了高石子的話，非常高興，就把禽滑釐召來，說：「姑且聽聽高石子這番話吧！違背道義而追求俸祿的，我常聽說過；拒絕俸祿而追求道義的，在高石子身上就看到了。」

　　不違背自己的學說去追求俸祿，這就是高石子的做人原則。即使不惜辭官也堅守仁義之道，墨子對高石子這種堅守做人原則的行為，給予了充分的肯定。

　　做人要有原則，這些原則都有一些什麼特點呢？

　　一、把握有度。給自己訂定做人原則的時候，要合情合理，還要切實可行。人總是要有一點精神的，不能沒有追求，但是，要讓自己感覺到目標經過努力是可以達到的，如果突破了這個原則，那麼，太重的壓力就會成為沉重的負擔。做人，無論是做人的原則，還是目標和理想，最終目的是快樂，這樣才能達到人生幸福的最高境界，活得太累，是永遠快樂不起來的。

　　二、與發展協調。有時候，做人的條條框框太多，並且養成了固有的行為習慣，則可能會束縛人的思維，讓人失去開拓創新的精神，甚至思想僵化，很難適應不斷發展變化著的社會環境。因此，人們在遵守做人的原則的同時，

還要隨時做出適當調整，使自己的做人原則時刻能夠適合時代的要求，不要讓原則束縛和禁錮了自己的思想。

三、與時俱進。社會在不斷發展，觀念在不斷更新，需求也在發生著不同程度的變化。在不同的社會背景下，法律和道德等準則會有所不同，這個時期這樣做可能是對的，而同樣的做法放在另一個時期就是錯的，甚至是違法的。那麼，做人的原則也要隨著變化著的社會而不斷調整。

說到底，做人做事要有原則，即是希望這些原則能成為自己不斷完善人生的起點，把握適度，不求最好，只求更好，在不斷進步中快樂自己，奉獻社會。

吃古通今

希臘的柏拉圖學園裡，有個三十多歲的年輕人在院子裡走來走去，他低著頭，嘴裡不停地嘟囔著，一邊嘟囔，還一邊搖頭。看上去，有個重大問題正困擾著他。

這個年輕人叫亞里斯多德，他十七歲的時候，就被父親送到當時最著名的大學問家柏拉圖那裡學習了。亞里斯多德學習非常勤奮，人也很聰明，很喜歡鑽研，他從老師那裡學到很多知識，還看了很多書，有些書連柏拉圖都沒有看過。很快，他就成為柏拉圖學園裡學問最淵博的人，大家都說，有什麼問題不懂，就去問亞里斯多德吧，他肯定知道。所以，其他同學都很敬佩他，老師柏拉圖也很喜歡他。

但是最近一段時間，聰明淵博的亞里斯多德被一個問題困惑住了，而且整個柏拉圖學園裡沒有人能幫助他。這究竟是一個什麼樣的問題，讓亞里斯多德這麼困惑呢？

原來，自從亞里斯多德一進柏拉圖學園，老師柏拉圖就把自己的理論，教授給了他。柏拉圖認為人的理念才是最真實的存在，我們看見的樹木、花草啊，只不過是我們腦子裡想像的樹木、花草的模仿物，而我們製造出的房子、車子，更是模仿物的模仿。柏拉圖所有的學生都把老師的理論當作真理，從來都沒有人懷疑過。隨著看的書越來越多，思考的問題越來越深入，亞里

斯多德就越來越懷疑老師說得是不是正確。一棵樹就是一棵樹，是實實在在存在的一棵樹，看得見，摸得著，怎麼就不是真實的呢？應該先有現實世界中的樹，才有思想中的樹啊，現實的怎麼會反成為思想的模仿呢？

亞里斯多德認真地思考著這個問題，終於有一天，他向老師柏拉圖提出了自己的疑問。柏拉圖想了一下，沒有回答亞里斯多德的問題，反而說：「我看啊，要給你的思想戴上韁繩，不然，你會越跑越遠，思想不受控制啦，很危險！」

亞里斯多德見老師這樣回答，就沒有再追問。旁邊的同學指責他說：「亞里斯多德，你怎麼能懷疑老師的觀點呢，要知道，老師是絕對正確的！你這樣對老師非常不尊敬！」

亞里斯多德搖搖頭，堅定地說：「我愛老師，但我更愛真理！」

後來，亞里斯多德就憑著這樣的精神，成為舉世聞名的大學問家。

點評：

做人要有原則，這是為人處世、立身社會的根本。「我愛老師，但我更愛真理！」這是亞里斯多德的為學態度，也是他做人的原則。老師與真理孰輕孰重，在他心中經絡分明，是絕不能顛倒混淆的。而這堅定的做人原則，也成就了他一代哲學大師的偉名。

延伸閱讀

子墨子言曰：「吾言足用矣，舍言革思者，是猶舍穫而拾粟也。以其言非吾言者，是猶以卵投石也，盡天下之卵，其石猶是也，不可毀也。」

——《墨子·貴義》

墨子說：「我的學說和主張值得採用，放棄我的學說和主張而另外思考，這就像放棄收割而去拾取別人田裡落下的穀穗一樣。用別人的學說和主張來否定我的，這就像拿著雞蛋碰石頭一樣，用盡天下的雞蛋，石頭還是原來的樣子，是不可破壞的。」

二十三　切勿「安於現狀、不思進取」

子墨子言曰：「衛，小國也，處於齊、晉之間，猶貧家之處於富家之間也。貧家而學富家之衣食多用，則速亡必矣。」（語出《墨子·貴義》）

衛國是處於齊國和晉國之間的小國，就像一個貧家處在兩個富家之間。貧家如果學富家那樣穿衣、飲食和多花費，那麼必定會很快破敗。

無論一個人的性格、習慣、目標、毅力以及其他因素多麼適宜，一旦內心決定安於現狀、不思進取，這些因素都將無法造成積極作用。

切勿「安於現狀、不思進取」

子墨子言曰：「貧家而學富家之衣食多用，則速亡必矣。」

——語出《墨子·貴義》

切勿「安於現狀、不思進取」

有人做過這樣的實驗：如果把青蛙放在沸水裡，牠會立即跳出去。如果把牠放在溫度和室溫一致的水裡，再逐漸加熱到沸騰，青蛙就會被活活燙死。這個實驗告訴我們：安於現狀、不思進取，是失敗的開始。

生活中，很多人像青蛙一樣，滿足於當前的生活模式，維持現有的生活狀態，拒絕改變現狀，忽略外在環境的變化發展，這種不思進取的人生態度是很不可取的。

一天，墨子遊歷到衛國。

墨子對公良桓子說：「衛國是個小國，位處秦國和晉國之間，這就像貧家處在兩個富家之間。一個貧家如果學富家那樣穿衣、飲食和多花費，那麼必定會很快破敗。現在看看你的家，帶裝飾的車子有幾百輛，吃豆子和穀子的馬有幾百匹，穿繡花衣裳的女子有幾百人，如果把裝飾車輛、養馬和做繡花衣裳的錢財用來養士，必定會養一千多人。如果遇到危險和困難，派幾百人在前面，幾百人在後面，這與讓幾百個女子站在前面和後面相比，哪個更安全呢？我認為不如畜養士人安全。」

墨子認為，衛國是小國，更應該實行能強盛國家的措施，這樣才能保證國家的安全。而如果以周邊的大國為標準，以貧學富，安於現狀，不思進取，那就危險了。墨子所說的衛國，無異於實驗中的青蛙，水溫越來越高，真正的危險也就越來越近。

美國歷史上有一句名言：當一個國家的年輕人都因循守舊時，它的喪鐘便已經敲響了。這便是安於現狀、不思進取導致的嚴重後果。

古羅馬的老普林尼在《博物志》上說：「人天性渴求新事物。」我們每一個人都有美麗的夢想，那麼，就不要讓我們的夢想因當下的環境而停滯不前。如果你真的是鷹，就不應再困頓於狹窄的小天地；安於現狀、不思進取，只會使你喪失更多獲得成功的機會。

安於現狀會讓人失去追求卓越成就的原動力。本來可以用十分的熱情去工作，因為安於現狀而沒有一點熱情；本來可以全身心地投入，因為安於現狀而打不起精神來；本來可以達到百分之百的合格率，因為安於現狀，在達到六〇％的合格率時就停止不前；本來可以把工作做到最好，因為安於現狀，沒有做到最好就舉杯慶賀了……

安於現狀會讓人忽視危機的存在。今天平平安安地工作著，拿著薪水，忘記了失業的可能，忘記了被同事超越的可能。當被辭退的通知單已經有人為他們填好時，他們可能還在想：「我再偷一會兒懶吧，沒有人能夠發現！」

安於現狀，讓人看不到更高的目標。取得一點點成績，就沾沾自喜，停止了前進的步伐，結果被更多不安於現狀的人超越。

安於現狀、不思進取，是人生中最大的敵人，它使人產生畏懼心理，讓人失去對生活的興趣、勇氣和信心。

因此，無論你是什麼身分，職員、老闆、學生、自由工作者；也無論你現在是成功還是失敗，都應堅決杜絕「安於現狀、不思進取」的思想，並以一種積極向上的心態去贏得一個精彩的人生。

吃古通今

福勒是美國路易斯安那州一個黑人佃農七個孩子中的一個。他在五歲時開始勞動，在九歲之前就以趕騾子為生。這並不是什麼特殊的事，大多數佃農的孩子都是很早就參與勞動的。這些家庭認為他們的貧窮是命中注定的，是上帝的安排，所以，他們沒有改變現狀的要求和行動。

小福勒有一點不同於身邊的小朋友們，那就是他有一位不尋常的母親，他母親的不尋常就在於她對「貧窮是由於上帝」的這個「真理」產生了懷疑。

母親對兒子說：「福勒，我們不應該貧窮。我不願意聽到你說：『我們的貧窮是上帝的意願』，我們的貧窮不是由於上帝的緣故，而是因為你的父親從來就沒有產生過致富的願望。我們家庭中的任何人都沒有產生過出人頭地的想法。孩子，靠你的一雙手和一個腦袋，我們一定能富有起來⋯⋯」

「沒有產生過致富的願望。」「我們一定能白手起家。」這兩個觀念在福勒的心靈深處刻下了深深的烙印，以致改變了他一生的方向。

長大了的福勒決定把經商做為致富的捷徑。他最終選定的經營項目是他從事肥皂推銷員的那家所屬公司。這家公司即將拍賣出售，售價是十五萬美元。福勒想買下它，但他十二年零售肥皂只存下了二萬五千美元。

福勒沒有退縮。他找到了這家公司的總裁，對他說，自己打算買下這家公司。他先交二萬五千美元的保證金，然後十天內會付清餘款十二萬五千美元。如果十天之內他籌不齊這筆鉅款，他的保證金歸公司所有。

十天期限的最後一天，福勒想盡所有辦法，總共籌集了十一萬五千美元，仍差最後一萬美元。萬般無奈之下，福勒在深夜走進了一間陌生的承包商事務所。

「你想在一個月內賺一萬美元嗎？」福勒直截了當地問道。

這句話使得承包商吃驚地向後仰去。「是呀！當然啦！」他下意識地答道。

「那麼，替我開一張一萬美元的支票，一個月後當我奉還這筆借款時，我將另付一萬美元的利息。」福勒對那個人說。他把其他借款人的名單和金額數目給這位承包商看，並且向他詳細解釋了這次商業冒險的情況。

最後，福勒從承包商那裡得到了一萬美元借款。一年內他除還清全部借款和利息外，還盈利十萬美元。

點評：

貧窮之所以被人稱為可貴的財富，就是因為它將人們心中那顆不安分的、積極進取的心徹底激發和活化，並成為鼓舞人們不斷前進的動力。安於現狀、不思進取，就意味著主動放棄追求，連追求都沒有，又怎麼能獲得成功呢？而積極進取，則是一種向上的精神，只有積極進取才有成功的希望，才能獲得人生的輝煌。

延伸閱讀

昔上世之窮民，貪於飲食，惰於從事，是以衣食之財不足，而饑寒凍餒之憂至。不知曰「我罷不肖，從事不疾」，必曰「我命固且貧」。

——《墨子·非命》

以前上古時期的貧窮百姓，貪好飲食卻懶於勞動，因此衣食財物不足，饑寒交迫之憂便隨之而至。他們不知道，這是由於他們疲弱無能又不積極主動地勞動，卻說這是因為他們命中注定要貧窮。

二十四　謙虛好學、取長補短

子墨子言曰：「鳥魚可謂愚矣，禹、湯猶云因焉。今翟曾無稱於孔子乎？」（語出《墨子·公孟》）

鳥和魚可稱得上愚昧了，禹、湯尚且要因循牠們的辦法。現在我連孔子的話都不能稱引了嗎？

謙虛好學，取長補短。這是一種誠懇的學習態度，可以幫助自己進步和提升；這是一種友善的為人方式，可以改善自己的人際關係；這是一種寬宏的度量，可以求同存異，博採眾長。

謙虛好學、取長補短

子墨子言曰：「古者有語焉，曰：一目之視也，不若二目之視也；一耳之聽也，不若二耳之聽也；一手之操也，不若二手之強也。」

——語出《墨子·非命》

謙虛好學、取長補短

謙虛好學是中國的傳統美德。

「三人行必有我師」，真正好學、追求進步的人，往往用謙虛友好的態度對待每一個人，善於學習別人的長處來彌補自己的不足。他們並不拘束於固定的老師、固定的領域、固定的學派，只要對自己的學問、進步有幫助，就拿來為己所用。

墨子的學說有很多是和儒家學說對立的。但有一次，墨子在與程子辯論時，稱引了孔子的話。

程子說：「你非難儒家，為什麼又稱引孔子的話呢？」

墨子說：「我稱引的這些話是那些合理而不可更改的話。現在鳥感知到天熱乾旱的憂患就會往高處飛，魚感知到天熱乾旱的憂患就會往水底潛，對此，即使禹、湯為牠們出主意，也必定不會改變這樣的做法。鳥和魚可稱得

上愚昧了，禹、湯尚且要因循牠們的辦法。現在我連孔子的話都不能稱引了嗎？」

墨子認為，百官不能自築深壘，高高在上，而應該多聽別人的意見。治學也是如此，只有多利用他人的見聞謀略，自己的知識與智慧才可以廣博。

魯迅〈拿來主義〉文末是這樣一段話：「總之，我們要拿來。我們要或使用，或存放，或毀滅。那麼，主人是新主人，宅子也就會成為新宅子。然而首先要這人沉著，勇猛，有辨別，不自私。沒有拿來的，人不能自成為新人，沒有拿來的，文藝不能自成為新文藝。」它在某種程度上就闡釋了墨子的觀點。

謙虛好學，只有謙虛才能敏學。敏學，是學別人的好的精華的東西，而不是一味的「拿來主義」，照單全收，把糟粕也學來了。只有敏學才能好學，才能學好，才能用別人的長處來彌補自己的短處，這樣也就達到學習的目的了。

盲人外出，但在一條崎嶇的路上時時受阻。正好他遇到了一個瘸子，就央求瘸子說：「大哥，可憐可憐我這個瞎子吧！你告訴我該怎麼走好嗎？」

瘸子回答說：「我是個瘸子，自己走路都一瘸一拐的，感到很困難，就是想幫你也幫不上忙啊！不過，你看上去倒挺身強力壯的。」

盲人說：「我身體是很棒，要是我能看得見路，走起來是不成問題的。」

瘸子說：「要不這樣吧！你背上我，我做你的眼睛，你做我的腿，咱們一起試試，看行不行。」

盲人說：「這真是個好主意，我雙手贊成，咱們現在就合作吧！」

於是，盲人背起瘸子，他們一路走得又安穩又快活。

這個故事就是取長補短的一個例證。

要想取長補短，博採眾長為己所用，就要有一顆謙遜好學、虛心向下的心。

子曰：「三人行，必有我師。」英國著名外交家查斯特菲爾德伯爵，也透過他的人生經歷體會到此點。在他給愛子的信中這樣寫著：任何人都可以成為你的老師。

仔細觀察身旁的人們，你將會發現，無論多麼出色的人，也不可能擁有所有的優點，而那些看上去十分乏味的人，也必然會有一些長處。無論對於哪一類人，只要看到他們身上的不足之處，就應當作教訓來警惕自己；只要看到他們身上的長處，就應毫不猶豫地去學習。

吃古通今

蔡元培，字鶴卿，號子民。近代民主革命家、教育家和科學家。一八六八年一月十一日生於浙江紹興府山陰縣。蔡元培做為近代中國文化界的卓越先驅者，其著名的文化思想和學術觀點，曾對中國的歷史進程有過重大的影響。

蔡元培任北京大學校長時提出的「兼容並包」的學術思想，不僅成為他主持北大教育工作的重要指導方針，同時也是他所堅持的辦學原則。

蔡元培主張「循思想自由原則，取兼容並包主義」。所謂「兼容並包」，就是實行學術民主、百家爭鳴，允許不同學派自由發展，自由講學。蔡元培曾說：「我對於各家學說，依各國大學通例，循思想自由原則，兼容並包。無論何種學派，苟其言之成理，持之有故，尚不達自然淘汰之命運，即使彼此相反，也讓他們自由發展。」

蔡先生的「兼容並包」思想首先體現在學校的用人上。他既任用了一批舊思想的教授，又起用了一些新思想的教授。新的、舊的、左的、右的，各種派別並存，各派「思想自由」。在他看來，他所看重的是人的長處而不是短處。

歷史地理學家、北大教授侯仁之曾高度評價說：「真正把北京大學提升為具有國際地位的大學的人是蔡元培先生。一九一七年初來到北大，他有一個很重要的教育思想，就是兼容並包，你只要自成一家，就可以到北京大學來講學，所以北京大學的學術思想是極其活躍的。」

在蔡元培「兼容並包」的旗幟下，北京大學以它海納百川的胸襟形成了巨大的精神感召力，不斷聚集著一個又一個在中國近現代史上熠熠生輝的名字，再沒有哪一個時代和哪一所學校能夠同時擁有這麼多的大師和巨匠，每一次對北大的注視都會讓人怦然心動。正是這種思想，為中國的大學發展，注入了現代教育的靈魂。

點評：

中國近代思想界有許多龐雜流派，新舊思潮都錯綜複雜地折射到人們的思想中。蔡元培主理北大工作時實行的「兼容並包，思想自由」的原則，為新思想在中國的傳播開啟了大門，為近代中國人的思想啟蒙起了重要的開拓作用。

延伸閱讀

古者有語焉，曰：一目之視也，不若二目之視也；一耳之聽也，不若二耳之聽也；一手之操也，不若二手之強也。

——《墨子·非命》

古代有這樣一句話，說：一隻眼睛所看到的，不如兩隻眼睛所看到的；一隻耳朵聽到的，不如兩隻耳朵所聽到的；一隻手的動作，不如兩隻手的有力。

故唯毋以聖王為聰耳明目與？豈能一視而通見千里之外哉？一聽而通聞千里之外哉？聖王不往而視也，不就而聽也。

——《墨子·尚同》

所以認為聖王是耳聰目明吧？難道聖王能夠一望就遠至千里之外嗎？一聽就能遠達千里之外嗎？聖王是不會親自去千里之外看的，也不會親自去千里之外聽的。

二十五 重視知識

子墨子言曰：「昔者周公朝讀百篇，夕見漆十士，故周公旦佐相天子，其修至於今。翟上無君上之事，下無耕農之難，吾安敢廢此？」（語出《墨子·貴義》）

以前周公旦早晨讀書百篇，晚上會見七十個士人，因此周公旦輔佐天子，他的美譽傳到現在。我上沒有侍奉國君的差事，下沒有耕田種地的艱難，我哪敢廢棄讀書呢？

知識能使人獲得財富；知識能使人變得高尚；知識能使人的生活充滿陽光；知識能使人獲得強大力量，衝破重重困境，最終邁進成功的大門。

周公朝讀百篇

——《墨子·貴義》

子墨子言曰：「昔者周公朝讀百篇，夕見漆十士，故周公旦佐相天子，其修至於今。」

——語出《墨子·貴義》

重視知識

文化知識，是社會發展的需要，是人類進步的階梯，也是個人跟上時代步伐的決定性因素。古往今來，人們對文化知識尤其重視。

墨子向南遊歷，出使到衛國，車箱中載的書很多，弦唐子看見後感到奇怪。

弦唐子說：「老師您教公尚過說：『書籍不過是用來衡量是非曲直罷了。』現在您車上載的書很多，有什麼用呢？」

墨子說：「以前周公旦早晨讀書百篇，晚上還會見七十個士人，因此周公旦輔佐天子，他的美譽傳到現在。我上沒有侍奉國君的差事，下沒有耕田種地的艱難，我哪敢廢棄讀書呢？我聽說『天下萬事殊途同歸，言語總會出

現差錯。』可是人們聽到的往往不一致，因此書就多起來了。現在有像公尚過之心的人，就能考究數理而精微之處。對於殊途同歸的萬物，也就知道其中的要旨了，因此就不用以書教他了。而你為什麼要感到奇怪呢？」

墨子認為，周公旦的功績美名之所以為世人傳誦，就是因為他每天都不懈怠地學習。像他那樣侍奉國君日理萬機的人尚且學而不倦，自己就更不能停止學習了。

宋真宗趙恆的《勸學詩》云：「富家不用買良田，書中自有千鐘粟；安居不用架高堂，書中自有黃金屋；出門莫恨無人隨，書中車馬多如簇；娶妻莫恨無良媒，書中自有顏如玉；男兒若遂平生志，六經勤向窗前讀。」

這段話的主要意思是，讀書考取功名是當時人生的一條絕佳出路，考取功名後，才能得到財富和美女。

不管古人讀書出於何種目的，他們那種「十年寒窗無人問」的刻苦向學的精神，是值得我們學習的。

西漢時候，有個農民的孩子，叫匡衡。他小時候很想讀書，可是因為家裡窮，沒錢上學。後來，他跟一個親戚學認字，才有了看書的能力。

匡衡買不起書，只好借書來讀。那個時候，書是非常貴重的，有書的人不肯輕易借給別人。匡衡就在農忙的時節替有錢的人家做臨時工，不要工錢，只求人家借書給他看。

過了幾年，匡衡長大了，成了家裡的主要勞動力。他一天到晚在田裡幹活，只有中午休息的時候，才有空檔看一點書，所以一卷書常常要十天半月才能夠讀完。匡衡很著急，心裡想：白天種莊稼，沒有時間看書，我可以多利用一些晚上的時間來看書。可是匡衡家裡很窮，買不起點燈的油，怎麼辦呢？

有一天晚上，匡衡躺在床上背白天讀過的書。背著背著，突然看到東邊的牆壁上透過來一線亮光。他霍地站起來，走到牆壁邊一看，啊！原來從壁縫裡透過來的是鄰居家的燈光。於是，匡衡想了一個辦法：他拿了一把小刀，

把牆縫挖大了一些。這樣，透過來的光亮也變大了，他就湊著透進來的燈光讀起書來。

匡衡就是這樣刻苦地學習，後來終於成為西漢的大經學家，官至宰相。

「不登高山，不知天之高也；不臨深谷，不知地之厚也；不聞先王之遺言，不知學問之大也。」只有知識才是力量；只有知識才能使我們成為堅強的、誠實的、有理性的人；只有知識才能使我們成為成功的人，偉大的人。

吃古通今

一五六一年，法蘭西斯·培根出生在英國倫敦的一個貴族家庭。培根從小身體不好，性格內向。但是他酷愛學習，喜歡思考問題，常常獨自一人躲在僻靜的角落裡埋頭苦讀。

十三歲時，父親送他到劍橋大學讀書。一次，他在校園裡散步，心中感到很煩惱，因為在大學裡沒有學到自己感興趣的知識。他讀的劍橋大學雖說是歐洲的一流大學，但也被「經院哲學」（一種為神學辯護的哲學，專門論證宗教教條的正確性）統治著。學校裡充斥著神學的爭辯，思想僵化，方法老套。他覺得在這樣的學校學習簡直是有害而無益。

這時，培根看見地上有一隊螞蟻正在搬家，眾多螞蟻忙忙碌碌地工作著。培根仔細地凝視了很久，若有所思地對自己說：「對！我也應該這麼做，拋棄那些高談闊論，從事情的最細微處著手，用實踐去驗證一切！」

培根立志從事實驗科學以後，在實驗室和圖書館內默默地度過了十幾年。他根據自己的親身觀察和實踐，總結了不少科學結論。

一五九七年，培根的處女作《論說文集》問世。該書出版後風靡一時，多次再版，這激發了培根的創作熱情。一六二五年再版時，這部書已由最初的十篇論文增至五十篇。在這部著作裡，培根將自己對社會的認識和思考以及對人生的理解，濃縮成許多絕妙的、富有哲理的格言和警句，寓意深刻，耐人尋味。例如：

「假如沒有友誼，世上將是一片荒漠。」

「最能使人心神健康的預防藥就是朋友的忠言規勸。」

「順境的美德是節制；逆境的美德是堅忍。」

「過分求速是做事最大的危險之一。」

一六二〇年，培根的又一部新書問世了，這就是他的代表作《新工具論》。在這本書裡，培根最早提出了「知識就是力量」的口號。他認為，只有掌握科學知識，才能改造和利用自然，讓自然為人類服務。他還提出科學實驗的重要性，強調只有透過科學實驗，才能最終獲得知識。培根也因此被人們認為是近代實驗科學的奠基人。

點評：

「知識就是力量」，這是一句至理名言，它激勵著人們掌握知識，向科學進軍。這句名言是近代實驗科學的創始人、英國科學家培根提出的。培根說，除了知識和學問之外，世上沒有任何力量能在人的精神和心靈中，在人的思想、想像、見解和信仰中建立起統治和權威。他是這樣說的，也用自己的經歷和行動做了最有力的證明。

延伸閱讀

今天下之士君子之書，不可勝載，言語不可盡計，上說諸侯，下說列士，其於仁義，則大相遠也。何以知之？曰：「我得天下之明法以度之。」

——《墨子·天志》

現在天下士人君子的書籍，多得不可勝載，其中的言論也多得無法計算，它們向上論說諸侯，向下論說列士，而對於仁和義的解釋，彼此之間卻相差很大。那麼，如何知道它們的是非正誤呢？回答是：「我得到天下的明法，用來衡量它們。」

知，聞、說、親、名、實、合、為。

——《墨子·經上》

知識，有聽到的，說知的，親身經歷的，有名辭的，有實物的，有名實相合的，有創造作為的。

載書遊衛

讀史使人明智，讀詩使人聰慧，演算使人思維精密，哲理使人思想深刻，倫理學使人有修養，邏輯修辭使人善辯。總之，書籍是在時代的波濤中航行的思想之舟，它小心翼翼地把珍貴的貨物送給一代又一代。

二十六 切勿「為薪水而工作」

子墨子言曰：「然則非為其不審也，為其寡也。」（語出《墨子·貴義》）

這樣看來你離開衛國，不是因為衛國說話不算數，而是因為給你的糧食少了。

薪水只是工作的一種報償方式，雖然是最直接的一種，但也是最短視的。只為薪水而工作，沒有更高的目標，這並不是一種好的人生選擇，受害最深的不是別人，正是自己。

非為其不審也，為其寡也。

——《墨子·貴義》

子墨子言曰：「何故反？」對曰：「與我言而不當。曰：『待女以千盆。』授我五百盆，故去之也。」子墨子曰：「授子過千盆，則子去之乎？」對曰：「不去。」

——《墨子·貴義》

切勿「為薪水而工作」

工作所得的報酬是絕大多數人生活的來源，為此，很多人都把它看得很重，這在生產力並不發達的古代更是如此。

墨子派人到衛國去做官，去做官的人到了衛國後又回來了。

墨子問：「為什麼又回來了？」

那人回答說：「衛國對我說話不算數。衛國說：『給你糧食一千盆。』實際上卻只給我五百盆，所以我離開了衛國。」

墨子問：「如果衛國給你糧食超過一千盆，那你還離開嗎？」

那人回答說：「不離開。」

墨子的正確打開方式：兼愛非攻的現代應用解密
二十六　切勿「為薪水而工作」

　　墨子說：「這樣看來你離開衛國不是因為衛國說話不算數，而是因為給你的糧食少了。」

　　無論時代如何變遷，社會如何發展，人們對財富的追求都是天經地義的，因為財富不但是提高個人生活品質的基礎，也是推動社會經濟發展的根本。但同時我們也應注意，在追求財富的同時，在遵守「君子愛財，取之有道」的同時，也不可忽視一些比眼前的金錢更為重要的東西。

　　有很多人一味地為薪水而工作，看起來目的明確，其實這是被短期利益矇蔽了心志，使他們看不清未來發展的道路。

　　這類人一旦對薪水不滿，就會敷衍了事，這固然是對老闆的一種損害，但是長此以往，無異於使自己的生命枯萎，將自己的希望斷送，一生只能做一個庸庸碌碌、心胸狹隘的懦夫。這樣也就埋沒了自己的才能，湮滅了自己的創造力。

　　人們都羨慕那些傑出人士所具有的創造能力、決策能力以及敏銳的洞察力，但是他們也並非一開始就擁有這種能力，而是在長期工作中累積和學習到的。在工作中，他們學會了了解自我，發現自我，使自己的潛力得以充分的發揮。

　　他們把工作當成事業來做，他們明白，工作所給予的要比你為它付出的更多。如果你一直努力工作，一直在進步，你就會有一個良好的、沒有汙點的人生記錄，使你在公司甚至整個行業擁有一個好名聲，良好的聲譽將陪伴你一生。

　　與此相反，有許多人上班時總喜歡「忙裡偷閒」，他們要麼上班遲到、早退，要麼在辦公室與人閒聊，要麼借出差之名遊山玩水……這些人也許並沒有因此被開除或扣減薪水，但他們會落得一個不好的名聲，也就很難有晉升的機會。如果他們想轉換公司，也不會有其他人對他們感興趣。

　　一個人如果總是為自己到底能拿多少薪水而大傷腦筋的話，他又怎麼能看到薪水背後可能獲得的成長機會呢？他又怎麼能意識到從工作中獲得的技

能和經驗，對自己的未來將會產生多麼大的影響呢？這樣的人只會無形中將自己困在薪水金額的框框裡，永遠也不懂自己真正需要什麼。

墨子兩千多年前對弟子關於俸祿的教誨，仍值得我們思考。

吃古通今

下面是一位民營企業老闆說給員工們的真心話。

做為一個民營企業的老闆，我想發表自己幾點簡單的看法：

一、首先我也是從員工身分走過來的，我能體會到你們現在的心情。工作環境不好，制度不完善，這是目前存在的現象，並不是短時間內誰能改變得了的。所以，除了適應客觀環境，沒有別的辦法，除非你到外商企業，或者自己當老闆。

二、工作態度。我曾經在一個員工人數上千的大集團做總經理助理，在你們眼裡，或許這個角色只要處理文件及協助老闆處理一些相關事務就夠了。可那時只要公司裡頭會出現的工作，我都有可能被派去。記得有一次為了趕貨，我和辦公室的所有職員都到工廠包裝產品，整整做了三天三夜，老闆並沒有向我們說聲謝謝，更不用說加班費了；還有公司駕駛員因出事故被吊銷了駕照，一時找不到合適的人，我又成為了駕駛員長達三個月；還有一次，老闆自己接了個現金往來的生意單子，但必須貨到付款，於是我又變成了業務員，跟著貨車顛簸了兩天，把貨送到了對方那裡，再把款項結回來等等。這些工作在你們眼裡，也許太不值得去做，當時我也覺得很委屈，憑什麼要我去做那些工作。但現在想想，我覺得我要是沒下派過工廠，就體會不到在工廠工作的職員的辛苦；在當駕駛員的三個月裡，我的駕駛本領突飛猛進；透過送貨結款，我考驗了自己的能力。我不知道你們工作時是什麼心態，那時我總是告訴自己，不會永遠替別人工作，我付出的心血也不會白流，這些都將成為我的經驗與基礎。正像朋友說的，叫你兼職做文件影印，也許在你認為，你根本不屑去做這些事，可你知道嗎，在做這份工作的時候，你有沒有想過，從你手裡出來的那份文件是不是很精緻，很優美，讓人看了是不是耳目一新！我還記得在老闆把我的薪水翻了幾倍我還是要離開時，老闆流露

出那種惋惜的眼神。如果我做得不出色，他怎麼會挽留我呢？由於我的工作態度和工作能力，後來公司老總把我當朋友看待，在我創業期間給予了我不少的幫助。

三、關於跳槽，我不知道大家是怎麼想的。我個人認為在找一份工作之前，肯定都會考慮到這幾個方面：一，公司的這份工作是否適合我；二，我能否勝任這方面的工作；三，我能不能接受公司給我的待遇及一些可能出現的相關問題。不敢保證每個工作者都這樣想，但都是用腦袋想問題的人。也許在進公司以後，與你想的有天壤之別，但如果你再重新另找公司的話，是否就保證跟你的要求與理想接近了呢？用兩個月的時間找工作，用三個月的時間適應這份工作，再用兩個月的時間去評估你是否該換工作，再用兩個月的時間決定你是否跳槽，你一年的工作時間就這樣毫無結果的過去了。所以，只有當公司的環境已經限制了你的發展時，你才能考慮到這一點。跳槽只有在原有基礎上越跳越好，而不是越跳越糟！

四、待遇的問題。老闆與員工不是父母與孩子的關係，這點很實際。在他付給你報酬的同時，你應該給他幾倍甚至幾十倍，幾百倍的回報，這是經濟社會的遊戲規則。所以，我在應徵銷售人員的時候，都採用「他認為我應該付給他多少薪水」。OK！在此基礎上的最低限度是，我給你的薪水，必須你自己替我賺回來，因為公司不是慈善機構！假如你做得很好，老闆一般不會輕易減薪水。如果把你薪水降下來的話，很有可能這是公司辭退一個員工的方法，讓你不能接受後自動離開。

呵呵，我只是就事論事，也許說得比較片面，不會得到大家的贊同。但我想奉送一句話給那些不想一輩子替人工作的朋友：不管自己做什麼，都應該有「這是在為自己做事」的心態，那麼總有一天你會成功。

點評：

面對微薄的薪水時，應當懂得雇主支付給你的工作報酬固然是金錢，但你在工作中給予自己的報酬，乃是珍貴的經驗、良好的訓練、才能的表現和

品格的錘鍊。這些東西與金錢相比，其價值要高出千萬倍。如果將工作視為一種積極的學習經驗，那麼，每一項工作中都包含著許多個人成長的機會。

延伸閱讀

　　子墨子言曰：「何故反？」對曰：「與我言而不當。曰：『待女以千盆。』授我五百盆，故去之也。」子墨子曰：「授子過千盆，則子去之乎？」對曰：「不去。」

——《墨子·貴義》

　　墨子問：「為什麼又回來了？」那人回答說：「衛國對我說話不算話。說：『給你糧食一千盆』，實際上卻只給我五百盆，所以我離開了衛國。」墨子問：「如果衛國給你糧食超過一千盆，那你還離開嗎？」那人回答說：「不離開。」

　　翟聞之，言義而弗行，是犯明也。綽非弗之知也，祿勝義也。

——《墨子·魯問》

　　我聽說，口中講仁義卻不去實行，這是明知故犯。勝綽不是不懂，他是把俸祿看得比義還重。

二十七 為人處世要謹慎

子墨子言日：「今士之用身，不若商人之用一布之慎也。」（語出《墨子·貴義》）

現今的士人用身於世，還不如商人使用一枚錢幣時慎重。

為人處世以謹慎小心為要。謹慎小心並不是怯懦膽小，謹慎小心者，是不想把任何可能對自己不利的東西留給自己，是為智者。

為人處世要謹慎

子墨子言日：「慎言知行，此上有以規諫其君長，下有以教順其百姓，故上得其君長之賞，下得其百姓之譽。」

——語出《墨子·非命》

為人處世要謹慎

謹慎是小心的意思，指對外界事物或自己的言行密切注意，以免發生不利或不幸的事情，主要是強調做事情認真，有計劃，有條不紊，且不拖沓。謹慎是一種主觀行為，是積極主動的來迎接挑戰前的一種準備。

對弟子們在外推行學說時的言行，墨子的要求是很謹慎的。

墨子認為，士人們在為官為學的時候，不如商人使用一枚錢幣時慎重。商人在用一枚錢幣購買東西時，不隨意亂買，一定要選擇好的。現在的士人使用自己時卻不這樣，心裡想什麼就做什麼，結果是重的遭受刑罰，輕的受到毀罵，這就是說：士人用身於世，還不如商人使用一枚錢幣慎重的道理。

因此，墨子告誡弟子們說：「推行仁義而不能時，一定不要背離思想本身。就像木匠砍木頭而不能砍正時，不能背離墨線。」

對任何人來說，成就一番事業都不是輕而易舉的事，都要付出心血和代價，所以做事要謹慎小心，堅持不懈，步步為營，穩紮穩打，切不可疏忽大意。

西漢時期的霍光在漢武帝身邊任職二十多年，平日為人忠厚可靠，端正嚴謹，辦事一貫小心謹慎，從來沒有什麼閃失。在他擔任侍衛時，時刻謹記自己的職責就是侍衛皇帝，所以他每次出宮、下殿時，起止步都有固定的點，有人曾暗中跟隨做出記號，事後再算，絲毫不差，可見他辦事的周密、謹慎。霍光一絲不苟，小心謹慎的品質得到了漢武帝的嘉獎。在漢武帝生前，霍光一直倍受重用，漢武帝彌留之際，更是將霍光寄為託孤大臣。

俗話說，伴君如伴虎。墨子對弟子謹言慎行的要求，以及霍光的謹小慎微，多是由其特殊的工作環境和地位決定的。儘管如此，他們謹慎的為人處世態度，仍是值得我們學習的。

很多人做事，常在即將獲得成功的關鍵時刻，意外地出現失敗。這種失敗往往是由一時的大意疏忽造成的。試想，如果在事情即將完成的時候，仍像剛開始時一樣謹慎小心，循序漸進，成功的希望是不是更大呢？

為人處世要謹慎，具體應表現在以下幾個方面：

慎微。泰山不讓土壤，故能成其大；江海不擇細流，故能就其深。凡成大事者，都是從小處著手的，因此，平時看似無關緊要的小事也應謹慎。

慎言。墨子說：「志不強者智不達，言不信者行不果。」為人處世最忌口無遮攔，大話連篇，亂開空頭支票。更有甚者虛話、假話、客套話、髒話張口即來，就更應慎重了。

慎友。「近朱者赤，近墨者黑」、「孟母擇鄰」、「物以類聚，人以群分」等等，都說明朋友、環境對人的影響巨大，因此，在選擇朋友時不得不謹慎。

慎平。人生如同行船，渡過了無數急流險灘、隱石暗礁，有時卻在風平浪靜時疏忽大意，沉舟翻船；人生如同行車，順利通過了崎嶇的山間小道，有時卻在寬闊的高速公路上車毀人亡。人們在險惡環境之中能夠謹慎小心，特別警惕，可卻在順境、佳境之中怠心懈志，忘乎所以。因此，我們要時刻保持清醒的頭腦，謹慎行事。

吃古通今

蜀漢時期的諸葛亮，一生無人能及之處便是謹慎。

在首次北伐時，諸葛亮與魏延關於北伐路線之爭，便充分體現了諸葛的謹慎。魏延建議由他率五千精兵直出漢中，從子午谷偷襲長安，諸葛亮率大軍出斜谷，趨長安會師。魏延認為此計乃是「奇謀」，「如此，則一舉而咸陽以西可定矣。」而諸葛亮說了「安從坦道，可以平取隴右」的謀略，他認為北出子午谷雖是捷徑，但危險程度極大，一旦魏軍卡住谷口，輕則勞而無功，重則全軍覆沒。

還有一例。諸葛亮伐魏時布陣於城下，司馬懿於城頭細細觀察，良久，抬頭與左右眾將言及「諸葛之才，吾不及也」。令緊閉城門，一不許任何人出戰，二不許趁夜間偷襲。司馬懿看過諸葛亮的布陣，自認無法擺出這等無隙可乘之守勢，自不願出城與之交戰。

諸葛亮一生謹慎，他的治軍也就是「安靜」、「堅重」，不輕易冒險，正如兵法上所謂「先為不可勝，然後能夠取勝」。其為後人千古傳誦的「空城計」，就是緣於平生的謹慎。

西元二二八年，諸葛亮錯用馬謖，失去街亭後，只有兩千五百名軍士駐守在西城縣。忽然，哨兵飛馬來報：「司馬懿引大軍十五萬，往西城蜂擁而來！」

諸葛亮立即傳令道：「將旌旗全部隱藏起來，大開四個城門，每個城門二十個軍士，扮為百姓，打掃街道。魏軍到時，不可亂動，我自有計謀對付。」傳令下去後，諸葛亮披鶴氅，戴綸巾，引兩少年攜琴一張，來到城頭，憑欄而坐，焚香操琴演奏。

魏軍的前哨急忙將此景報知司馬懿。司馬懿立刻命令軍隊停止前進，自己飛馬向前瞭望。果然見諸葛亮在城樓上，笑容可掬，焚香彈琴。城門內外，僅有二十餘名百姓低頭打掃街道，旁若無人。司馬懿不覺懷疑城中有重兵，便命部隊撤退。

他的兒子司馬昭說：「莫非諸葛亮沒有多少兵力，故意這樣的？父親為什麼要退兵呢？」

司馬懿板著臉說：「諸葛亮平生十分謹慎，從不冒險。今天大開城門，必定有重兵埋伏。我們若衝進去，必定中計。」

見魏軍遠去，眾官員不解地問諸葛亮：「司馬懿乃魏國名將，今統率十五萬精兵來犯，為何見了丞相便慌忙撤退？」

諸葛亮說：「他料定我平生謹慎，從不冒險，見我如此鎮定，懷疑有重兵埋伏，所以退去。我並非在冒險，實在是不得已而為之啊！」

點評：

人的心態總是有起伏的，如意的時候難免沾沾自喜，說話、做事自然有所流露，失意的時候自覺實力不濟，待人、接物難免心不在焉。不管如意還是失意，在這些心態下做事都容易疏忽大意，犯下錯誤。而諸葛亮一生謹慎，極少犯錯，實屬為人處世之典範。

延伸閱讀

慎言知行。

——《墨子·非命》

對自己的言論要謹慎，對自己的行為要明知。

商人用一布布，不敢繼苟而售讎焉，必擇良者。今士之用身則不然，意之所欲則為之，厚者入刑罰，薄者被毀醜。

——《墨子·貴義》

商人在用一枚錢幣購買東西時，不敢苟且隨意亂買，一定要選擇好的。現在的士人使用自己時卻不這樣，心裡想什麼就做什麼，結果是重的遭受刑罰，輕的受到毀罵。

二十八 經營者要「不拘一格降人才」

子墨子言曰：「唯其可行。譬若藥然，草之本，天子食之，以順其疾，豈曰『一草之本』而不食哉？」（語出《墨子·貴義》）

只要它是可行的，就像藥一樣，一把草根，天子吃它來治療自己的疾病。難道會說「一把草根」而不享用嗎？

人才具有超過他人的才幹和能力；人才有遠見，有較強的分析和判斷能力；人才有開拓精神和創新能力。任何時代，任何地方都需要人才。

子墨子言曰：「唯其可行。譬若藥然，草之本，天子食之，以順其疾，豈曰『一草之本』而不食哉？」

——語出《墨子·貴義》

經營者要「不拘一格降人才」

詩人龔自珍痛感於清廷衰弱腐朽，國家內憂外患，曾發出了「我勸天公重抖擻，不拘一格降人才」的呼喚，令人讚嘆。而墨子與穆賀的一番話，同樣道出了「不拘一格降人才」的真諦。

墨子遊歷到了楚國，便去拜見楚惠王。惠王以年老為藉口推辭，派穆賀來見墨子。

墨子向穆賀遊說，穆賀大悅，對墨子說：「你的主張，實在好啊！然而君王，是天下的大王，恐怕他會說『是賤人所做的』，而不採納吧？」

墨子說：「只要它是可行的，就像藥一樣，一把草根，天子吃它來治療自己的病，難道會說『一把草根』而不享用嗎？現在農民把他們的賦稅繳納給貴族，貴族置辦酒類穀物等來祭祀上帝鬼神，上帝鬼神難道會說『這是賤人種的』而不吃嗎？所以即使是賤人，往上把他比作農民，往下把他比作草藥，難道尚不如一把草根嗎？況且您也聽說過商湯的傳說吧？從前商湯將要去見伊尹，讓彭氏之子駕車，彭氏之子說：『伊尹是天下的賤人，如果您想要見他，就派人把他召來問問，他就算受到恩賜了。』商湯答道：『這你就

不懂了。現在這裡有一種藥，吃了它耳朵會更加靈敏，眼睛會更加明亮，那我一定會高高興興地儘量吃藥。現在那個伊尹對我們國家來說，就像良醫好藥，而你卻不想讓我見伊尹，這是你不想讓我們的國家好。』於是便將彭氏之子趕下去，不用他駕車。如果楚王像商湯一樣，那也就能夠採納賤人的意見了。」

墨子認為，有才能的人，即使身分卑微得像草根，可只要這草根有草藥般的藥效，能治療國家疾患，那麼他的意見就應該被採納，他就應該受到重用。這與諸葛亮的「先帝不以臣卑鄙」、龔自珍的「不拘一格降人才」的道理如出一轍。

在任何時代，墨子暗示的這種不拘一格、唯才是舉的主張，都不失其啟迪作用。

回到我們現代的企業，儘管大家都在說人才的重要性，但是又有幾個企業能像劉備、漢武帝、唐太宗等一樣唯才是舉，不拘一格降人才呢？

企業徵人時，往往會首先列出應徵條件：學歷、工作年資等等。要求是大學學歷的，不是大學學歷的一律免談；要求是工作年資三年的，工作兩年半的就免談，等等。他們忘了企業招募人才的目的是招攬真正能適合企業，真正能為企業所用的人才，如此種種條件只會將真正的人才拒於企業的門外。今天的經營者應該從墨子的言語中得到啟發，積極改善這種對企業發展不利的用人方式。

吃古通今

漢武帝，即劉徹，景帝子，於景帝後元三年（西元前一四一年）即位。漢武帝在位期間，實行了一系列行之有效的治國策略，國家欣欣向榮，一片繁榮景象，這多半都得益於他「不拘一格降人才」的舉措。

漢武帝即位不久便下詔書，要求丞相、御史、列侯等各級官僚推舉賢良方正、敢於直言進諫的讀書人到朝廷做官。同時，還鼓勵天下吏民直接向皇帝上書，提出意見，發表自己的見解。漢武帝求賢若渴，對所上奏章大都認真閱讀，並從中選拔出不少有才幹之人，如董仲舒、主父偃、嚴安、朱買臣

等著名的思想家、政治家。而其中的朱買臣和主父偃出身貧寒，之前甚至以砍柴為生。

元光元年（西元前一三四年），漢武帝再次下詔，命舉賢良上書對策，董仲舒在所上《天人三策》裡提出統一思想的主張，要求將那些不符合儒家六經宗旨和孔子之術的思想學說，一律禁止，不允許其存在。這迎合了漢武帝欲加強中央集權的思想，得到了武帝的讚賞。不久，武帝便任命他為江都相，同時下令全國罷黜百家，獨尊儒術。漢武帝將儒家思想定為一尊，對此後的中國社會產生了極其深遠的影響。

在冷兵器時代，戰馬、弓箭、利刀都是戰爭取得勝利的重要條件，但是人才才是戰爭能否取勝的根本。抗擊匈奴的一代名將衛青，剛開始只不過是一個騎奴。在等級森嚴的封建社會，奴隸的社會地位極低，但漢武帝卻不管衛青的社會地位，唯才是舉，大膽重用。而另一抗匈名將霍去病，二十歲就被漢武帝大膽起用，成為將軍。

點評：

在漫長的封建王朝中，凡是有作為的皇帝，基本上都能做到「不拘一格降人才」，唯才是舉。劉備之於諸葛亮、劉徹之於衛青、太宗之於魏徵、康熙之於周培公，無不與墨子關於人才的「草藥」之說相印證。這些例證的共同點就在於，只要對自己發展有利，就「不拘一格」而用之，而這恰恰是現代經營者不得不學習的。

延伸閱讀

彭氏之子曰：「伊尹，天下之賤人也。若君欲見之，亦令召問焉，彼受賜矣。」湯曰：「非女所知也。今有藥此，食之則耳加聰，目加明，則吾必說而強食之。今夫伊尹之於我國也，譬之良醫善藥也。」

——《墨子·貴義》

彭氏之子說：「伊尹是天下的賤人，如果您想要見他，就派人把他召來問問，他就算受到恩賜了。」商湯答道：「這你就不懂了。現在這裡有一種藥，

吃了它耳朵會更加靈敏，眼睛會更加明亮，那我一定會高高興興地儘量吃藥。現在那個伊尹對我們國家來說，就像良醫好藥。」

二十九 懷有一顆仁義之心

子墨子言曰：「爭一言以相殺，是貴義於自身難也。故曰：萬事莫貴於義也。」（語出《墨子·貴義》）

為爭辯一句話而相互殘殺，就是把義看得比自己的身體還珍貴。因此說：天下萬事沒有比義更珍貴的了。

仁義是一種道德範疇，指人與人相互友愛、幫助、同情等等。

萬事莫貴於義也

—— 《墨子·貴義》

子墨子言曰：「爭一言以相殺，是貴義於自身難也。故曰：萬事莫貴於義也。」

—— 語出《墨子·貴義》

懷有一顆仁義之心

易經有三立之道，立天之道，曰之明月，立地之道，曰之剛柔，立人之道，曰之人仁。做人要以「仁義」為本，若不能行仁義，那麼形體上是個人，但本質上不是個真正的人，因為這個人沒有做人的人格水準。

傳統思想中，除孔孟的仁義之說外，墨子也十分崇尚仁義之舉。

墨子說：「和氏璧、隋侯珠、三翮六翼的九鼎，這些都是諸侯認為的最好寶物。但是它們能夠使國家富足，使人口增多，使政事得到治理，使社稷得到安寧嗎？人們會說：不能。認為良寶的，是因為它可以使人得到利益。但是和氏璧、隋侯珠、三翮六翼的九鼎，不能給人帶來利益，因此這些都不是天下的良寶。現在用義來施政於國家，人口必定增多，政事必定得到治理，社稷必定會安定。認為良寶珍貴，是因為它可以為人民帶來利益，而義可以使人民得到利益，所以說：義是天下的良寶。」

二十九　懷有一顆仁義之心

　　墨子又說：「天下萬事沒有比義更珍貴的了。如果現在對別人說：『送給你帽子和鞋子，但要砍斷你的手和腳，這樣的事你做嗎？』肯定不做。這是什麼原因呢？就是因為帽子和鞋子不如手和腳珍貴。如果又說：『把天下送給你，但要殺掉你，這樣的事情你做嗎？』肯定不做。這是什麼原因呢？就是因為天下不如自己的身體珍貴。為爭辯一句話而相互殘殺，就是把義看得比自己的身體還珍貴，因此說：天下萬事沒有比義更珍貴的了。」

　　《墨子·貴義》中說，「從事於義，必為聖人」，並提出了「不義不處，非理不行」的處世原則。孟子說：「墨子兼愛，摩頂放踵，利天下為之。」這便鮮明地反映了墨子以天下是非興亡為己任的社會責任感和道義感。

　　從古至今，總有一些人為了追求「和氏璧」、「隋侯珠」、「三翮六翼的九鼎」之類的東西，不惜去違背仁義。墨子時代有項子牛之類（墨子弟子，見「君子愛財，取之有道」），而今天，類似的事情就不勝枚舉了，光違法經商出售的假冒偽劣產品就有假菸、假酒、假藥、黑心肉等，這類事件總使人應接不暇，眼花繚亂，最天理難容的就是黑心奶粉，居然為了利益，對嬰兒都不能殘留一點仁義！

　　天下熙熙，皆為利來，天下攘攘，皆為利往。追名逐利是人類的本性，無可厚非，但一個不容置疑的前提是不能違背道義。

　　其實，利益完全不必透過違背道義來追求。因為義和利是一體的。

　　《墨子·非樂》說：「仁之事者，務興天下之利，除天下之害，將以為法乎天下。利乎人即為，不利乎人即止。」在墨子「兼愛」的思想中，「兼相愛」是以「交相利」為前提的，「交相利」才能使「兼愛」具有更牢固的現實基礎。

　　這即是說，先要「利人」，然後大家「兼愛」，最後「人利己」。先予後取，且取之有道，不違仁義，值得經營者好好學習。

　　做人亦是如此。我為人人，人人為我。你付出的是有限的仁義，而收穫的，往往會超乎你的想像。

吃古通今

一九四一年十二月，日本在偷襲珍珠港的同時，集中兵力從中國華南向香港發動進攻。十二月二十五日，香港淪陷，大批守衛香港的英軍被俘。

一九四二年九月二十五日，關押在九龍及香港島的一千八百一十六名英軍戰俘被押上了日軍的「里斯本丸」號。由於安裝了軍事設備卻沒有懸掛相關旗幟或標誌，九月三十日晚，這艘客貨輪被美國太平洋艦隊潛艇部隊「鱸魚」跟蹤並攻擊，其中一枚魚雷擊中「里斯本丸」的燃料艙，船上響起了巨大的爆炸聲。

為了防止騷亂，日軍封閉所有艙口，釘上木條，蓋上防水布，並用繩索捆住。戰俘所在的船艙裡既無照明，又隔斷了新鮮空氣，令人窒息。

最後，失去動力的「里斯本丸」經過一天一夜的漂流，船體開始傾斜下沉。次日上午八時左右，「里斯本丸」船長決定棄船。

日軍運輸船隨即派出救生艇，帶走船員和大部分士兵，僅留下六七個士兵在甲板上監視戰俘。慘無人道的日軍企圖讓所有戰俘與「里斯本丸」號一起葬身大海。

「里斯本丸」出事的地點位於舟山東極附近海面，距離最近的是青浜、廟子湖兩個小島，島上居民以捕魚為生。當時，舟山本島及岱山等附近島嶼雖已被日軍占領，但外圍小島仍為地方抗日武裝所控制，這為營救英軍戰俘提供了條件。

一九四二年十月二日九時，漂流至東極島約二海里處的「里斯本丸」尾部沉入大海，頭部向上翹起，輪船上大批英俘和財物墜入汪洋之中。東風掀起狂潮，浪花翻捲著漩渦，眼看在大海裡掙扎的落水者即將被吞噬。

東極、廟子湖等附近小島漁民見此情景，當即自發駕著小舢板出海救人。青浜、廟子湖等附近小島一百九十六名漁民，先後出動小漁船四十八艘六十五次，從海面上救起三百八十四名英軍官兵。其中一些英軍戰俘游上了附近的無人島礁，也被漁民救回。

被救起的盟軍戰俘被安置在漁民家中。島上漁民慷慨地拿出所有的糧食、魚乾和蕃薯給英俘充飢，同時還取出衣服給英俘穿。

十月三日，空中傳來「轟隆」的聲音，幾架日軍戰機飛臨上空，向「里斯本丸」沉沒的海域投下了大量炸彈。十月四日，五艘日軍艦艇開抵東極海域，約兩百名日軍登島挨家挨戶搜查，任意吊打手無寸鐵的漁民，威脅漁民不得隱藏英軍戰俘。最後，盟軍戰俘又被日軍重新押上船。

慘無人道的日軍怎麼也不會想到，在他們的淫威和刺刀下，青浜島竟還有三名英俘在島民掩護下躲過大搜捕。

三名英俘藏了五天後，扮成漁民模樣，透過當地抗日武裝的護送，他們躲過附近的日本巡海砲艦，成功轉移到另一小島進行短暫休養，後來他們又被送出海島，輾轉至重慶，最後由英國政府駐華使館接回國。

三名英軍戰俘居留重慶期間，曾以親身經歷在廣播電台上揭露日軍暴行，引發中外強烈公憤。

一九四九年二月二十七日，香港隆重悼念「里斯本丸」號上的遇難英軍官兵，並高度讚揚了舟山漁民勇救英軍官兵的功績。

點評：

如果人類喪失了仁愛之心，那整個社會將充滿暴力。無論世態如何炎涼，人心如何淺薄，仁義永遠是指引人類前進的明燈。一個人如果能真誠地踐行仁義，就能影響更多的人、帶動更多的人來施行仁義，這也是創造和諧社會所必需的。

延伸閱讀

去喜，去怒，去樂，去悲，去愛，而用仁義。手足口鼻耳，從事於義，必為聖人。

——《墨子·貴義》

一定要去掉喜、去掉怒、去掉樂、去掉悲、去掉愛，而以仁義為準則。手、腳、口、鼻、耳，都用來從事於義，必定會成為聖人。

世俗之君子，視義士不若負粟者。今有人於此，負粟息於路側，欲起而不能，君子見之，無長少貴賤，必起之。何故也？曰：義也。

——《墨子·貴義》

世俗的君子，看待義士還不如看待一個背糧食的人。現在這兒有一個人，背著糧食在路旁休息，想站起卻起不來了，君子看見了，無論他是年長的、年少的、高貴的還是低賤的，一定會幫他站起來。為什麼？回答說：這是義。

三十 勇於走自己的路

子墨子言曰：「好美、欲富貴者，不視人猶強為之，夫義，天下之大器也，何以視人？必強為人。」（語出《墨子·公孟》）

愛美的人、想富貴的人，不看別人如何並且自己努力去做，至於義，這是天下的大才能，為什麼要看別人呢？一定要盡力去做。

走自己的路，無須去超過誰，也不用怕被誰超過，只要做得好，自己便問心無愧；走自己的路，無須標新立異，卻已與眾不同，即使平凡但絕不平庸。

勇於走自己的路

子墨子言曰：「未好美者，豈曰吾族人莫之好，故不好哉？夫欲富貴者，豈曰我族人莫之欲，故不欲哉？」

——語出《墨子·貴義》

勇於走自己的路

各式各樣的路，都是人走出來的，大路走的人多，小路走的人少。無論做人還是做事，都應該勇於走自己的路，而不是隨波逐流、人云亦云、蕭規曹隨，改變甚至放棄自己的目標和理想，去和別人保持一致。

其實許多時候，只要堅信自己的觀點和看法是正確的，自己的所作所為是正確的，又何必在乎別人的看法和行為呢？

有一個人來到墨子門下。

墨子問：「為什麼不學習呢？」

來者答：「我族人中沒有求學的人。」

墨子說：「這樣是不對的。愛美的人，難道會說我族人中沒有人愛美，所以我也不愛美嗎？想富貴的人，難道會說我族人中沒有人想富貴，所以我也不想富貴嗎？為什麼要看別人怎麼樣呢？自己一定要盡力去做。」

　　勇於走自己的路！說起來簡單，真的做起來又談何容易。有很多人為了追逐時代的潮流，迎合社會的風尚，往往消減了自身的個性，增添了與社會的共性，同化了人生的意義，丟掉了自己的夢想。而真正在勇敢地走自己的路的人，並不多。

　　墨子從魯國去齊國，拜訪了一位老朋友。

　　老朋友對墨子說：「現在天下沒有人推行義，你還是不要做了吧。」

　　墨子回答說：「如果現在這裡有一個人，他有十個兒子，只有一個人種田而九個人閒著，那麼種田的兒子就不能不更加緊迫地幹活了。這是為什麼呢？就是因為吃飯的人多而種田的人少。現在天下沒有人推行義，那麼你更應該鼓勵我，為什麼勸阻我呢？」

　　走自己的路，讓別人去說吧。這是何等的自信和頑強毅力的體現！

　　希臘神話中的先知──普羅米修斯以傳播文明為自己的責任，不但教會人類各門技術，還冒著生命危險從天庭盜來火種，然而最後卻被宙斯束縛在崖壁上，任禿鷹啄食他的肝臟。普羅米修斯自始至終幫助人類而不求回報，且甘願受罰──他選擇了責任，這就是他的人生意義。

　　中世紀的歐洲，在一堆熊熊燃燒的火堆裡，布魯諾正以憤怒的目光直視著羅馬教皇，他的嘴在痛斥，他的心在流血，但他對「日心說」的正確認識和對科學的信念卻堅定如一。對天體運動規律不懈的探索、對真理的勇敢捍衛，使他的思想和精神與天上的群星一樣永放光輝。他在勇敢地走著自己的路！

　　生命短促，沒有時間可以浪費，一切隨心自由才是應該努力去追求的，別人如何議論和看待，都是無足輕重的。

　　真正能夠沉澱下來的，總是有分量的；浮在水面上的，畢竟是輕小的東西。我們應該在屬於我們自己的人生道路上，昂首挺胸地一步步走過，只要認為自己做得對，做得問心無愧，就不必在意別人的看法，不必理會別人如何議論自己的是非。把信心留給自己，做生活的強者，永遠向著自己追求的目標，執著而勇敢地走自己的路。

吃古通今

松下幸之助年紀還輕的時候，曾經一次次為實現自己的理想而獨立經營，雖然沒有取得成功，但他一直在頑強地堅持著。

父親松下正楠曾對他說：「不要受別人僱傭、為別人支配、靠賺薪水過活，要自己做些買賣。」父親最終沒有讓他上學，他也理解了父親的心思，決心按父親指引的路走下去，並且走一條屬於自己的路。

松下十幾歲時，一次上街，看到從國外引進不久的電車。他想，電可真有用啊！這可比馬拉的車方便多了。他認定電在今後的日子裡會大有用途，於是離開了修車店，進電燈公司當了學徒。他在電氣這個大有希望的產業中，滿懷幻想地編織著自己的未來。他心中崇拜著發明大王湯瑪斯·愛迪生這樣的英雄。

當時，他是公司最年輕的配線檢查員，職位穩定，薪水也不算低，一天的工作只要半天就做完了；況且他已結婚，用日本人的傳統觀念來看，他大概是要在這個位置上工作到老了。但一反常規的是，二十四歲的松下幸之助第四次更換了職業：他決心獨立經營，當一個老闆。

下這樣的決心是不容易的。對於這種將深刻影響人生進程的重大決定，松下總是要再三思考的。他不滿足眼下從容安定的工作，他的耳邊，時刻鳴響著父親的忠告：要自己做些買賣。

最終，松下離開公司，當起了老闆。他以省吃儉用積蓄起來的全部資金七十五萬日幣做為資本，從事電燈插頭的製造。但遺憾的是，最終他失敗了，投入的本錢一下子便無影無蹤。狼狽不堪的他，只好把妻子的和服當成用來交付的貨幣，以度難關。但這一對年輕而不幸的夫婦並不灰心，他們繼續努力研究，終於製成了新式的電燈插頭，上市後受到極大歡迎，而這次成功也成為了松下事業的起點。

點評：

成功的人永遠是極少數，創業需要付出代價，還要冒著九死一生的危險，很多人寧可忍氣吞聲地做著自己不願意做的事，也不願去冒這個險。我們沒有理由認為松下幸之助的智商一定超過其他的人，只是松下幸之助比一般的人更執著，更具有勇氣罷了。

延伸閱讀

未好美者，豈日吾族人莫之好，故不好哉？夫欲富貴者，豈日我族人莫之欲，故不欲哉？好美、欲富貴者，不視人猶強為之，夫義，天下之大器也，何以視人？必強為人。

——《墨子·貴義》

愛美的人，難道會說我族人中沒有人愛美，所以我也不愛美嗎？想富貴的人，難道會說我族人中沒有人想富貴，所以我也不想富貴嗎？愛美的人、想富貴的人，不看別人如何，並且自己努力去做，至於義，這是天下的大才能，為什麼要看別人呢？一定要盡力去做。

堅決行義

成功人生的第一步，就是首先要認識自己，讀懂自己，勇於走自己的路。走自己的路，不盲目跟從別人，才能在屬於自己的領域中有一番大作為。「我本楚狂人，清歌笑孔丘」，這句李白的經典名句正說明了，人應該勇於走自己的路。

三十一　做事要積極主動

子墨子言曰：「仁義鈞，行說人者，其功善亦多。何故不行說人也。」（語出《墨子·公孟》）

同樣是主張仁義，外出向人遊說仁義的人，他的功德善行也就多。那麼我為什麼不出去遊說別人呢？

主動是一種精神，反映在人的思維、行動以及整體的精神面貌上，它拓寬人的思路，更大幅度地促進人的潛能開發。

子墨子言曰：「仁義鈞，行說人者，其功善亦多。何故不行說人也。」

——語出《墨子·公孟》

做事要積極主動

看到墨子四處遊說，堅持不懈地向人推行仁義，公孟子產生了疑問。

公孟子對墨子說：「真正行善，人們誰不知道？就像高明的巫師，待在家裡不出去，也有吃不完的糧食。就像美女，待在家裡不出去，也有人爭著追求。你現在到處跟隨別人並向人們遊說，這多麼辛苦啊！」

墨子說：「現在世道混亂，追求美女的人很多，美女即使不出門，也會有很多人追求她；現在追求善的人很少，假如不盡力向人們遊說，就不會有人知道善了。況且假如這裡有兩個人，都善於卜筮，一個外出為人們卜筮，一個待在家裡不出去，那個外出為人們卜筮的人與待在家裡不出去的人相比，誰得到的糧食多？」

公孟子說：「出去為人卜筮的人得到的糧食多。」

墨子說：「同樣是主張仁義，外出向人遊說仁義的人，他的功德善行也就多。我為什麼不出去遊說別人呢？」

　　墨子認為，向人遊說仁義，應該積極主動地外出向人推行，而不是待在家裡，依靠自己學說的名氣來推行，這樣才會有更好的效果。墨子這種積極主動推行學說的態度，對於做任何事來說，都是應該具備的。

　　積極主動在職場尤其重要。一個優秀的員工，應該是一個積極主動去做事，積極主動去提升自身技能的人。這樣的員工，不必依靠管理手段去激發他的主觀能動作用。

　　的確，在現代職場，過去那種聽命行事的工作作風，已不再受到重視，懂得積極主動做事的員工將備受青睞。在工作中，只要認定那是你要做的事，哪怕看上去是「不可能完成」的任務，都要敢於接受挑戰，立刻採取行動，只有這樣，才能出色地完成任務。

　　積極主動的人能接觸到更多的資訊與資源，這對做事的靈活性、多樣性、成功性都大有幫助；同時，主動的思維會帶來積極的行動，行為上的主動會引起良好的外界回應，從而進一步刺激大腦神經細胞，產生更積極的思維，這種良性循環能讓人在處理好事情的同時，最大限度地發揮自身的價值，體會到一種安全感、價值感、幸福感。

　　而有的人，則常常因為性格、習慣或經歷過挫折而消極被動，他們愛抱怨客觀環境或抱怨自己。這些人永遠也得不到成功與安寧，走到哪裡都在不停的抱怨，即使有一天，到了他們所希望的最好的那種環境條件下，他們仍然會抱怨，因為抱怨已成為他們的一種習慣，它來自於被動消極受牽制後產生的怨氣。

　　這個世界很公平，你缺什麼，生活就給你考驗與機會，讓你補什麼，只要你積極主動的思考或行動，你總會在跌跌撞撞中找到一條完善自我、通向成功的路。

吃古通今

　　一天，公司總經理叮囑全體員工：「誰也不要走進八樓那個沒掛門牌的房間。」但他沒解釋為什麼。

在這家效益不錯的公司裡，員工們都習慣了服從，大家牢牢記住了上級的吩咐，誰也不去那個房間。

一個月後，公司又招募了一批年輕人，同樣的話，總經理又向新員工重複了一遍。這時，有個年輕人在下面小聲嘀咕了一句：「為什麼？」

總經理看了他一眼，滿臉嚴肅地回答：「不為什麼。」

回到工作崗位上，那個年輕人的腦子裡還在不停地閃現著那個神祕的房間：又不是公司部門的辦公用地，又不是什麼重要機密存放處，為什麼要有這樣的吩咐呢？年輕人想去敲門看看到底是怎麼回事。

同事們紛紛勸他，冒這個險做什麼，不聽總經理的話能有什麼好果子吃，這份工作來之不易呀！

小夥子來了牛脾氣，執意要去看個究竟。他輕輕地叩門，沒有人應聲。他隨手一推，門開了，不大的房間中只有一張桌子，桌子上放著一張紙條，上面用紅筆寫著幾個字：「拿這張紙條給總經理。」

小夥子很失望，但既然做了，就做到底，他拿著紙條去了總經理辦公室，當他從總經理辦公室出來時，不但沒有被解僱，反而被任命為銷售部經理。

「銷售是最需要創造力的工作，只有積極主動，不被條條框框限制住的人才能勝任。」總經理給了大家這樣一個解釋。到最後，那個小夥子也果然沒有讓總經理失望。

點評：

做事要積極主動，這是突破條條框框，進行創新發展的必備條件。積極主動的人，往往執著於自己的目標，並始終朝著這個方向，積極主動地努力著、接近著，直到實現。而那些被條條框框束縛的人，什麼都是被動接受，這種被牽著鼻子走的生活方式，只會消磨人的意志，抑制人的才能和潛能，生活也會變得越來越糟。

延伸閱讀

　　子墨子曰：「且有二生於此，善筮，一行為人筮者，一處而不出者，行為人筮者，與處而不出者，其糈孰多？」公孟子曰：「行為人筮者，其糈多。」

——《墨子·公孟》

　　墨子說，假如這裡有兩個人，都善於卜筮，一個外出為人們卜筮，一個待在家裡不出去，那個外出為人們卜筮的人與待在家裡不出去的人相比，誰得到的糧食多？」公孟子說：「出去為人卜筮的人得到的糧食多。」

三十二 做事不拘泥於形式

子墨子言曰：「此四君者，其服不同，其行猶一也。翟以是知行之不在服也。」（語出《墨子·公孟》）

這四個國君，他們穿著的服飾不同，但他們的作為是一樣的。我因此知道有所作為不在於服飾。

追求形式，必然會忽略內容實質。就比如一個人說得太多，做得必然就少。人生不可過於追求形式，否則很累，而且不一定能達到效果。

其服不同，其行猶一也。

——《墨子·公孟》

子墨子言曰：「此四君者，其服不同，其行猶一也。翟以是知行之不在服也。」

——語出《墨子·公孟》

做事不拘泥於形式

形式主義是片面地注重形式而忽略實際的工作作風，或只看事物的現象而不分析其本質的思想方法，通常也指文藝創作中的一種傾向。它強調審美活動的獨立性和藝術形式的絕對化，認為不是內容決定形式，而是形式決定內容，從而否定內容的意義，割裂形式與內容、藝術與現實的聯繫。

做事如果太過於講究形式，就會被這些形式束縛，久而久之，更易養成形式主義的不良作風。這都會影響做事的效率和效果。

公孟子戴著禮帽，腰間插著木笏，身著儒服來見墨子。

公孟子說：「君子是先講究服飾，而後有所作為呢？還是先有所作為，而後再講究服飾呢？」

墨子說：「有所作為不在於服飾。」

公孟子問：「你怎麼知道是這樣呢？」

　　墨子回答說：「從前齊桓公戴著高高的帽子，繫著寬大的腰帶，腰佩金劍，手持木盾來治理國家，他的國家治理得很好。從前楚莊王戴著鮮豔的帽子，繫著絲織的帽帶，穿著紅色的衣裳和寬大的袍子來治理他的國家，他的國家治理得很好。從前越王勾踐剪掉頭髮，身刺花紋來治理他的國家，他的國家治理得很好。三個國君，他們穿著的服飾不同，但他們都是有所作為的。我因此知道有所作為不在於服飾。」

　　公孟子說：「說得好！我聽說過：知道了善行卻不馬上去實行的人是不吉利的。請讓我拿掉木笏，換下禮帽，然後再來見你，可以嗎？」

　　墨子說：「請就這樣相見吧。如果一定要拿掉木笏，換下禮帽，然後再相見，這樣就是有所作為果然在於服飾了。」

　　古人云:空談誤國，實幹興邦。要想避免做事拘泥於形式，影響做事成效，就應像墨子一樣，一切從實際出發，具備實作精神。

　　倡導實作精神，必須在「實」上下工夫。實與虛相對，虛與假同類。因此，要實作，就必須掃虛打假。一切與事情無關的虛假形式都應該杜絕。實作不僅要看做沒做，更要看做的是不是實事，有沒有實際效果。

　　倡導實作精神，必須按科學規律辦事。也許，我們在主觀上並不想走形式主義，也不是圖虛名，而是真心實意做些事情，做一番事業。但結果仍事與願違，出力不小，效果了了；苦勞很大，功勞一般。這個問題就出在想事做事是不是遵循了科學規律。要把握科學規律，用正確的方式做正確的事情，最根本的一項就是要善於調查研究，一切從實際出發，以務實的態度來做事。

　　倡導實作精神，還必須善於創新。萬事萬物都是不斷發展變化的，時代在以空前的速度前進。如果我們不去捕捉形勢的變化，不能與時俱進、善於創新，用符合時代要求的新思維、新方法、新手段解決前進中遇到的各種問題，只是墨守陳規，因循守舊，不求功勞多大，但求不犯錯誤，那麼，長時間的停滯不前必然會招致失敗，甚至會被淘汰。

吃古通今

　　愛因斯坦是二十世紀最偉大的物理學家，然而在日常生活中，他對自己的衣著並不注意。

　　他常年披著一件黑色皮上衣，不穿襪子，不繫領帶，褲子有時既沒有合上皮帶也沒有吊帶，他和人在黑板前討論問題時，一面寫板書，一面要把那像要滑下的褲子用手拉住，這種情景很滑稽。他的頭髮也留得長長的，不加修飾。

　　有一天，愛因斯坦在紐約的街道上遇見一位老朋友。

　　「愛因斯坦先生，」這位老朋友說，「你似乎有必要添置一件新大衣了。瞧，你身上的這件有些舊了啊！」

　　「這有什麼關係？反正在紐約誰也不認識我。」愛因斯坦無所謂地說。

　　幾年後，他們又偶然相遇。這時，愛因斯坦已是響滿天下、世界矚目的科學家了，可還是穿著那件舊大衣。他的老朋友又建議他去買一件新大衣。

　　「這又何必呢？」愛因斯坦說，「反正這裡的人幾乎都認識我了。」

　　後來，這位老朋友深有感觸地說：「如果愛因斯坦腦子裡裝滿了諸如該穿什麼大衣、給別人留下什麼印象之類的事情，大概也就不會研究出相對論的成果了。」

　　其實，沒有誰比愛因斯坦的妻子更了解自己丈夫的衣著習慣了。每當愛因斯坦應邀去各地演講之前，他賢慧的妻子總是替他打點行李，把整個行程要穿的衣服都一一準備好。可奇怪的是，幾乎每次愛因斯坦回家，箱子裡的衣服都疊得整整齊齊，連擺放的順序都沒有變動。在妻子的追問下，愛因斯坦才承認，他有很多次根本就沒有打開過箱子，而是穿著那套舊衣服上台演講的。

　　儘管愛因斯坦不講究衣著的新舊和款式，但是卻很注重整潔。有一回，他要在一個重要會議上演講，幾乎所有與會者都穿著晚禮服。主辦單位的一位女負責人問愛因斯坦：「需不需要換上晚禮服？」

愛因斯坦微笑而幽默地回答：「我不打算換衣服。如果您想要讓所有人理解我對大家的尊敬，可以掛上一塊牌子，上面寫著：『這套衣服剛剛洗過。』」

點評：

人要衣裝，馬要鞍裝。儘管衣著可以影響人的儀表和風度，但也不可過分地講究衣著打扮。如果把衣著打扮當作生活中的頭等大事來注意，那麼人的價值往往還比不上自己的衣服。成大事者不是不拘小節，而是他們更注重科學務實的工作態度和精神。

延伸閱讀

公孟子曰：「善！吾聞之曰：宿善者不祥。請舍忽，易章甫，復見夫子，可乎？」子墨子曰：「請因以相見也。若必將舍忽、易章甫，而後相見，然則行果在服也。」

——《墨子·公孟》

公孟子說：「說得好！我聽說過：知道了善行卻不馬上去實行的人是不吉利的。請讓我拿掉木笏，換下禮帽，然後再來見你，可以嗎？」墨子說：「請就這樣相見吧。如果一定要拿掉木笏，換下禮帽，然後再相見，這樣就是有所作為果然在於服飾了。」

行不在服

做任何事都應具備求真務實的作風和鍥而不捨的韌勁，而不能做表面文章，華而不實，走形式主義。形式主義的本質是沒有目標，不求品質，工作浮於表面，做事不講效果。它是嚴重的失職行為，更是道德標準缺失的表現。

三十三 知難而退，選準方向

子墨子言日：「國士戰且扶人，猶不可及也。今子非國士也，豈能成學又成射哉？」（語出《墨子·公孟》）

國家的勇士一邊戰鬥，一邊扶人，尚不可兼顧得到。現在你們不是國家的勇士，怎麼能學好學業又學好射箭呢？

堅定明晰而正確的方向，繞過該繞過的，跨越該跨越的，放棄該放棄的，付出該付出的，只有經過如此明智而有效的不懈努力，才能到達成功的彼岸。

知難而退

子墨子言日：「國士戰且扶人，猶不可及也。今子非國士也，豈能成學又成射哉？」

——語出《墨子·公孟》

知難而退，選準方向

想要成功，就要選準方向，想要選準方向，就要正確認識自己。只有清醒地認識了自己，才能選擇那些適合自己的，捨棄那些不適合自己的，如此才能在奮鬥的路上事半功倍。

有幾個弟子對墨子說想要學射箭。

墨子說：「不行。聰明的人做事必定看自己的力量，能辦到然後再去做。國家的勇士一邊戰鬥，一邊扶人，尚不可兼顧得到。現在你們不是國家的勇士，怎麼能學好學業又學好射箭呢？」

聞道有先後，術業有專攻。雖然墨子的觀點有一定的片面性，但他還是告訴我們，每個人都應該專於自己擅長的、能夠做的工作，如果放棄自己的特長而進入其他自己不擅長的領域，就會碌碌無為，很難成功。

世界總是充滿誘惑，進行取捨和選擇，難免給人生造成一定的缺憾，但這並不妨礙人生的精彩。選擇一棵樹而放棄森林，這是另一種珍惜。放棄是

為了更好地選擇得到，在揚棄中進行新一輪進取，做出正確的取捨，才能把握命運。

很久以前，一個人越來越感到生活的沉重壓力，眼看無力支撐，只得去請教智者。

智者將他帶到一條五彩石鋪就的小徑，然後交給他一只小背簍，要他順著小徑一路走下去，把認為喜歡的石頭都撿進背簍裡。

這人依言而行。紅色的，他感到熱烈奔放，絢爛似火；白色的，他認為晶瑩剔透、純潔無瑕；黑色的，他認為莊重嚴肅、鋥光閃亮，他把它們一一撿進去……漸漸地，背簍裡的石頭越撿越多，雙肩越來越沉，後來他終於支持不住，一跤跌坐地上。

智者見狀，又吩咐：從現在起，只把最喜歡的石頭留下，其餘的通通扔掉，再向前走試試。這一來，他頓感輕鬆無比，很快抵達了終點。

的確，世界是美麗的，可這種美麗也像玫瑰花，再美也有扎手的玫瑰刺，這就要看如何去選擇了。

選擇是生活必須要面對的。學會怎樣選擇才能卸下人生的種種包袱，輕裝上陣，安然的等待生活的轉機，度過風風雨雨。正確的選擇會讓你的生活和事業如魚得水、得心應手，錯誤的選擇則往往會使你南轅北轍，無功而返。只有懂得選擇，才會擁有一份成熟，才會讓生活更加充實，更加坦然和輕鬆。

人生如戲，每個人都是自己生命唯一的導演，只有學會選擇的人才能徹悟人生，笑看人生，擁有海闊天空的人生境界。

《聖經》中有這樣一句話：人降臨世界時手是合攏的，似乎在說：「世界是我的。」而人離開世界時手是張開的，彷彿在說：「瞧啊，我什麼都沒有帶走。」其實，人生就是一連串取捨的過程，有取就有捨，有捨才有得。該捨棄的就要捨棄，不要沒有恆心和勇氣，而只選擇一種方式。請別忘了，你放棄了電梯，走樓梯同樣可以到達所要到達的高度。

點評：

迎難而上固然是勇者風範，但知難而退亦不失為智者之舉。不知變通，一味地蠻幹下去，無異於一條道路走到底，最後仍見不到成功的曙光。知難而退，不是打退堂鼓，而是另闢蹊徑的靈活應變。條條大路通羅馬，既然另一條道路可以輕易地通向成功，就沒有必要在這條道路上與艱難做固執的抗爭。在通向成功的路上，不但要勇於付出，還要懂得取捨，懂得放棄。

延伸閱讀

譬若築牆然，能築者築，能實壤者壤，能欣者欣，然後牆成也。為義猶是也，能談辯者談辯，能說書者說書，能從事者從事，然後義事成也。

——《墨子·耕柱》

譬如築牆一樣，能建築的就建築，能填土的就填土，能測量的就測量，這樣牆才可以成功築起。行義亦是如此，能談辯的就談辯，能解說典籍的就解說典籍，能做事的就做事，這樣義事也就可以辦成功了。

三十四　正人先正己

子墨子言曰：「子不能治子之身，惡能治國政？子姑亡子之身亂之矣！」
（語出《墨子·公孟》）

你連自己都不能管好，怎麼能治理國家政事呢？你姑且先防備自身的錯亂吧！

正所謂「己所不欲，勿施於人」，凡事應嚴以律己，以身作則，自己先做到才能推己及人。

正人先正己

子墨子言曰：「子不能治子之身，惡能治國政？子姑亡子之身亂之矣！」

——語出《墨子·公孟》

正人先正己

俗話說，正人先正己，打鐵還須自身硬。凡是要求別人做到的，自己先做到位；凡是要求別人不做的，自己先行禁止，這樣才有資格去要求別人，自己的言辭也更有說服力。

告子對墨子說：「我能治理國家，管理政事。」

墨子說：「政事，口裡講了，自己就一定去做。現在你口裡講了，自己卻不去實行，這是你自身錯亂。你連自己都不能管好，怎麼能治理國家政事呢？你姑且先防備自身的錯亂吧！」

正如墨子所說，言傳不如身教，如果經常拿著高的道德標準來衡量別人的行為，卻忽視了自己為人處世的偏差，又怎麼能要求別人按照你的要求去做呢？墨子認為，一個人自身不正，就無法匡正別人的不當行為。因此，唯有先嚴格要求自己，做出榜樣，才能要求和約束別人。

大禹在帶領人民治水時，以身作則，嚴以律己，這是大禹治水取得成功的根本原因。對這一點，《墨子》書中有較充分的闡述：「《夏書》曰：『禹

七年水』……此其離凶餓甚矣，然而民不凍餓者，何也？其生財密，其用之
節也。」

大禹親自率領二十多萬治水群眾，浩浩蕩蕩地全面展開了疏導洪水的艱
苦卓絕勞動。大禹除了指揮外，還親自參與勞動，為群眾做出了榜樣。他手
握木鍬，櫛風沐雨，廢寢忘食，夜以繼日，不辭勞苦。由於辛勤工作，他手
上長滿老繭，小腿上的汗毛被磨光了，長期泡在水中，腳指甲也脫落了。在
大禹的帶領下，廣大群眾經過十多年的艱苦勞動，終於疏通了九條大河，使
洪水沿著新開的河道，服服貼貼地流入大海。

大禹是一個領袖人物。領袖人物號令天下，歷來有兩樣東西可以憑藉，
一是手中掌握的權力、權術；一是個人自身的道德品格。大禹所憑藉的當然
是後者。這種藉以感召大眾，凝聚人心的道德品格，歸結到一點就是「嚴以
律己，以身作則」。一切要求別人做的，都從自己開始。

據《史記》記載，大禹「為人敏給克勤，其德不違，其仁可親，其言可信，
聲為律，身為度，稱以出」，他的形象具有領袖和榜樣的雙重影響力。當時
的皋陶就下過一道特別的命令，要人民都以禹為榜樣，以禹的言行做為自己
言行的準則。

正人先正己，做事先做人。大禹的言行告訴我們，對示範者、教育者、
領導者，尤其是管理者來說，要想管好下屬，就必須以身作則。示範的力量
是驚人的。管理者不但要像大禹那樣事事為先，更要嚴格要求自己，做到「己
所不欲，勿施於人」。而一旦透過表率，樹立起在員工中的威望，將會上下
同心，大大提高團隊的整體戰鬥力。得人心者得天下，做下屬敬佩的領導者，
將使管理事半功倍。

延伸閱讀

必吾先從事乎愛利人之親，然後人報我以愛利吾親也。

——《墨子·兼愛》

一定要先去敬愛幫助別人的雙親，然後別人才會反過來敬愛幫助我的雙親。

義者，政也。無從下之政上，必從上之政下。

——《墨子·天志》

義這個東西，就是用來匡正人的。不能從下面匡正上面，一定要從上面匡正下面。

公孟子曰：「貧富壽夭，齰然在天，不可損益。」又曰：「君子必學。」子墨子曰：「教人學而執有命，是猶命人葆而去其冠也。」

——《墨子·貴義》

公孟子說：「貧窮、富裕、長壽、夭折，確實是由天注定，不能人為地增加或減少。」又說：「君子一定要學習。」墨子說：「教人學習卻持『有命』的觀點，這好比是叫人包裹起頭髮卻又去掉人家的帽子。」

三十五 善於聽從別人的勸告

子墨子言曰：「今子為義，我亦為義，豈獨我義也哉？子不學則人將笑子，故勸子於學。」（語出《墨子·公孟》）

現在你行義，我也行義，難道只是我一個人行義嗎？你不學習，人家就會笑話你，所以我勉勵你學習。

世界五彩繽紛，面對誘惑，任何人都無法做到時刻保持冷靜，總會做出一些不理智的、不正確的行為，這時就要善於聽從別人的勸告，及時改正，以防偏離正確的人生軌道。

子不學則人將笑子，故勸子於學。

——《墨子·公孟》

子墨子言曰：「仁人以其取舍是非之理相告，無故從有故也，弗知從有知也，無辭必服，見善必遷。」

——語出《墨子·非儒》

善於聽從別人的勸告

在人際交往中，成功的人總是不卑不亢、落落大方、談吐從容，對自己的不足有所認識，並善於聽從別人的勸告，勇於改正自己的錯誤。

有一個人來到墨子門下，身體強壯，思維敏捷，墨子想讓他跟隨自己學習。

墨子說：「你姑且跟隨我學習吧，我將舉薦你做官。」墨子用好言好語勉勵他，他才學習。一年之後，這人向墨子要求做官。

墨子說：「我不舉薦你去做官。你曾聽說過魯國的一個故事嗎？魯國有兄弟五人，他們的父親死了，大兒子嗜酒成性不去埋葬，四個弟弟說：『你和我們把父親埋葬了，我們就替你買酒。』這樣他才把父親埋葬了。葬禮後他向四個弟弟要酒喝。四個弟弟說：『我們不給你酒了。你葬你的父親，我

們葬我們的父親，難道只是我們的父親嗎？你如果不埋葬父親，那麼人家將會笑話你，所以我們勸你葬父。』現在你行義，我也行義，難道只是我一個人行義嗎？你不學習，那麼人家會笑話你，所以我勉勵你學習。」

墨子講兄弟葬父的故事，是為了勸告弟子不要急於求成，應先靜下心來好好學習，這才是正確的，才是合乎常規的，否則要被世人笑話。

墨子弟子應該怎樣對待老師中肯的勸告呢？這是值得我們思考的。

居禮夫人曾說：常問路的人才不會迷路。只要稍加留意，我們便會發現，生活中那些成功的人，都是善於聽從別人意見的人。

善於聽從別人的意見和勸告，是一種智慧，是人生的一種大境界。它是虛懷若谷，從諫如流。它可集眾人智慧於一身，照亮人生之路。開啟「貞觀之治」的唐太宗以善聽臣子進諫而聞名，在魏徵等人面前用了一副善於傾聽的耳朵，方成就盛世，流芳千古；孔夫子，也在騎青牛的老子面前用了一副善於傾聽的耳朵，耐心聽從他的教導，方集得大智慧，流傳於千古。

成功的人，無不自信果敢，謙虛謹慎。的確，人應該自信，但相信自己，並不意味著頑固。傾聽別人意見，聽從別人的勸告，也絕不是盲從。

失敗的人，大多就是因為執迷不悟，一意孤行：楚懷王不聽從屈子進諫，最終客死他鄉；吳王夫差不聽伍子胥勸告，最終難逃亡國命運；諸葛亮不聽先帝遺言，最終導致街亭失守，遺恨千古……

生活的過程，其實就是不斷學習、不斷進步、不斷成熟、不斷完善的過程，因此，要想獲得成功，就要善於「解剖自己」，發揚優點，正視缺點，勇於採納別人的意見，聽從別人的勸告，在不斷改正錯誤的過程中不斷向前。

吃古通今

扁鵲進見蔡桓公，在桓公面前站著看了一會兒，扁鵲說：「您有小病在皮膚的紋理中，不醫治恐怕要加重。」

桓侯說：「我沒有病。」

扁鵲退下以後，桓侯說：「醫生喜歡替沒有病的人治病，把治好『病』做為自己的功勞！」

過了十天，扁鵲又進見桓侯，說：「您的病在肌肉和皮膚裡面了，不及時醫治將要更加嚴重。」桓侯又不理睬。扁鵲退下後，桓侯不高興。

又過了十天，扁鵲又進見桓侯，說：「您的病在腸胃裡了，不及時治療將要更加嚴重。」桓侯又沒有理睬。扁鵲退下後，桓侯又不高興。

又過了十天，扁鵲在進見時遠遠看見桓侯，就轉身跑了。桓侯特意派人問扁鵲為什麼轉身就跑。

扁鵲說：「小病在皮膚的紋理中，是湯熨的力量能到達的部位；病在肌肉和皮膚裡面，是針灸的力量能到達的部位；病在腸胃裡，是火劑湯的力量能到達的部位；病在骨髓裡，那是司命管轄的部位，醫藥已經沒有辦法了。現在病在骨髓裡面，我因此不問了。」

又過了十天，桓侯身體疼痛，派人尋找扁鵲，扁鵲已逃到秦國。桓侯就病死了。

點評：

蔡桓公諱疾忌醫、不聽勸告，終致身亡，這是個人之病。對國家之「病」，不聽勸告，不採納意見，同樣會導致亡國。一個好君王不是因為他有多麼英明神武，有多少雄才大略，而主要是因為他善於聽從和採納眾大臣的意見和勸告。這是我們在為人處世時，尤其是領導者在執行工作決策時，應該借鑑和學習的。

延伸閱讀

仁人以其取舍是非之理相告，無故從有故也，弗知從有知也，無辭必服，見善必遷。

——《墨子·非儒》

　　仁者以是非曲直之理互相告勉，沒有道理的人要跟隨有道理的人，不知道的人要跟隨知道的人，沒有理由就要服從，見到善就要隨之行善。

　　勸子於學

　　每一個人的人生之路都是不同的，只有靠自己去走，才能走出真正屬於自己的人生。但追求個性人生並不意味著一意孤行，無視錯誤；只有勇於承認錯誤、面對錯誤，在別人的勸告中積極改正錯誤，我們的人生之路才會更為順暢。

三十六 君子愛財，取之有道

子墨子言曰：「翟聞之，言義而弗行，是犯明也。綽非弗之知也，祿勝義也。」（語出《墨子·魯問》）

我聽說，口中講仁義卻不去實行，這是明知故犯。勝綽不是不懂，他是把俸祿看得比義還重。

金錢不是萬能的，但沒錢是萬萬不能的。富人的苦惱是一種矯情，窮人的苦惱卻是一種不幸……謀取錢財，對任何人來說都是天經地義的，但一定要取之有道。

君子愛財，取之有道。

子墨子言曰：「北方有侮臣者，願借子殺之。」公輸盤不說。子墨子曰：「請獻十金。」公輸盤曰：「吾義固不殺人。」

——語出《墨子·公輸》

君子愛財，取之有道

「君子愛財，取之有道」是中國的老祖先留下的寶貴遺產和忠告，它告誡後人謀取錢財必須要靠自己的辛勤勞動，要遵紀守法、符合道德倫理綱常。

墨子讓勝綽去項子牛那裡做官。項子牛三次侵犯魯國的領土，勝綽三次都參與了。墨子聽說這件事後，就派高孫子去請求項子牛辭退勝綽。

墨子說：「我讓勝綽去，是為了制止驕橫並且匡正邪僻。現在勝綽俸祿多了就欺騙先生，先生三次侵犯魯國，勝綽三次都參與了，這是在馬胸前敲鞭策馬。我聽說，口中講仁義卻不去實行，這是明知故犯。勝綽不是不懂，他是把俸祿看得比義還重。」

墨子認為，追求財物不能違背仁義、道義。從古至今，人們從事各種勞動絕大多數都是為了取得財物，因為財物可以替人帶來富裕的生活和享受的資本。

三百六十行，行行出狀元，每個人都有充分展示自己才能的舞台，也都有自己的取財途徑和方法，先知先覺者，可能已經成為致富的帶頭人了，後知後覺者，可能剛剛入行，開始尋求發財的門路。

但有一小部分抱有不勞而獲思想的人就不是堅守正道，合法謀求財富了。在利益的驅動下，他們打著冠冕堂皇的旗號牟取不義之財，有好多甚至是中堅分子，國家高級公務員。這些人的世界觀、人生觀出了問題，價值取向出現了嚴重偏差。

追求錢財沒有錯。但君子愛財，應取之有道。

世上的路千千萬萬，都可歸為兩條：正道與邪道。選擇正道，努力拚搏，遵紀守法，終會到達幸福的終點。若對取之有道產生質疑，從而選擇邪道走下去，則會一步步邁向黑暗的沼澤地……

一個奔走於商場的人士，他要行使的智慧永遠是趨利避害，對於他來說，金錢是沒有區別的，人們常把錢分成「來路清白的錢」和「不義之財、不乾淨的錢」兩種，比如把囤積居奇賺得的錢看作不乾淨的錢，而把種田、做其他苦力換來的少得可憐的錢，看作乾淨的錢。由此可以看出，人們對賺錢的手段看得很重，這也正是「君子愛財，取之有道」的影響所在。

君子愛財，取之有道。違背正道，非法牟取不義之財的行為，也正是人們，尤其是商人，應引以為戒的。

吃古通今

楊愛虹的樂透彩券行有幾位老客戶，平時總放百十元，並寫些樂透號碼寄放在彩券行，委託楊愛虹下注。這天晚上十點左右，楊愛虹仍按照往常習慣，拿出他們的帳本對獎。當打開其中一位老先生的帳本時，楊愛虹突然眼前一亮：中了五百萬大獎的樂透彩券，正是這位老先生託我幫他買的！

楊愛虹心跳開始加速，手腳禁不住的顫抖著，她連忙把店門關了，並從門裡面加上幾道保險鎖槓。然後立刻撥打老先生的電話，關機，一直關機！會不會換手機呢，也不敢找人打聽！直到晚上十二點還沒打通。

楊愛虹把屋裡的每個角落都仔細審察了一遍。樂透彩券藏妥後，還是不放心，只要店門外有一點響聲，楊愛虹就急忙起床看，整整一個晚上，她就守著這張中獎樂透彩券，不敢闔眼。

　　第二天中午十一時許，老先生的電話總算打通了。準備像往常一樣來喝茶聊天的他，看到樂透彩券行外張貼的大紅喜報，再悄悄地與楊愛虹到屋裡仔細核對無誤後，老先生這才相信自己真的是中了五百萬元！

　　生活環境一直窘迫的老先生面對這麼多錢，一下子就懵了：他竟然怕把中獎的樂透彩券拿走！他說：「就暫時寄存在你這裡吧，你替我去兌獎後，我再來拿，好嗎？」「不行不行，樂透兌獎可是認券不認人的，我去兌獎豈不就成了我自己中的五百萬？你還是趕快拿回家！」

　　老先生說：「你既然可以通知我中獎，當然也能替我守好樂透彩券，我信得過你！幫人幫到底吧。」

　　後來，楊愛虹經過六天的詳細諮詢和「精心策劃」，經受了一生中「最嚴峻的考驗」，終於去幫老先生順利辦好了兌獎手續，楊愛虹心裡的「大石頭」這才落了地。

點評：

　　五百萬元！有多少人一輩子都賺不到的天文數字。它就擺在面前，伸出手拿過來，它就是你的，從此，富貴榮華享盡一生。面對此景，你會怎麼做呢？你會堅守心中那道沒有任何人知道的道德底線嗎？有人會這麼說：「我只是做了我應該做的事。」多麼樸實的語言。然而，在這平淡無奇的話語中，折射出的是「君子愛財，取之有道」的金子般的高尚品格。

延伸閱讀

　　子墨子言曰：「北方有侮臣者，願借子殺之。」公輸盤不說。子墨子曰：「請獻十金。」公輸盤曰：「吾義固不殺人。」

——《墨子·公輸》

　　墨子說：「北方有個侮辱我的人，我想借助你去殺掉他。」公輸盤很不高興。墨子說：「我願意送你十鎰金子。」公輸盤說：「我奉行仁義，絕不殺人。」

三十七 一分耕耘一分收穫

子墨子言曰：「今以豚祭而求百福，則其富不如其貧也。」（語出《墨子·魯問》）

現在用一頭小豬祭祀卻祈求百福，那麼與其祭品豐盛，倒不如稀少。

一分耕耘一分收穫，世上從來就沒有免費的午餐。天空賦予大地以雨水，大地回饋給天空一片蔥綠；大自然賦予人類以呼吸的氧氣，人類回贈給大自然一個繁華的世界；名山大川賦予人類以自然的美景，而人類給予它的則是一份無窮的眷念。

子墨子言曰：「今施人薄而望人厚，則人唯恐其有賜於己也。今以一豚祭，而求百福於鬼神，唯恐其以牛羊祀也。」

——語出《墨子·魯問》

一分耕耘一分收穫

有很多人總是祈求上帝的恩惠，卻從來不想自己為上帝做過些什麼；總是期望回報，卻一如既往的吝惜於付出。

《墨子·魯問》中，魯國的一個司祭用一頭小豬祭祀，並且向鬼神祈求百福。

墨子聽說後對他說：「這樣不行。現在你給人的東西少，卻盼望人家重謝，那麼別人就只會怕你再送東西給他們了。現在用一頭小豬來祭祀，卻向鬼神求百福，那麼鬼神只會怕你用牛羊來祭祀了。」

用小恩小惠就想換得大富大貴，這當然是不可能的。天上從來就不會掉餡餅下來，要想得到回報，就必須有所付出。

一個人在沙漠裡行走了兩天，途中遇到狂沙風暴，一陣狂沙吹過之後，他已認不清正確的方向。正當快撐不住時，突然，他發現了一間廢棄的小屋。他拖著疲憊的身子走進了屋內。這是一間不通風的小屋子，裡面堆了一些枯爛的木材。他幾近絕望地走到屋角，卻意外地發現了一座抽水機。

他興奮地上前汲水，可任憑他怎麼抽水，就是抽不出半滴來。他頹然坐地，看見抽水機旁有一個用軟木塞堵住瓶口的小瓶子，瓶上貼了一張泛黃的紙條，紙條上寫著：「你必須用水灌入抽水機才能引水！不要忘了，在你離開前，請再將水裝滿！」他拔開瓶塞，發現瓶子裡果然裝滿了水！

他的內心，此時開始交戰著……

如果自私點，只要將瓶子裡的水全部喝掉，他就不會渴死，就能活著走出這間屋子！如果照紙條做，把瓶子裡唯一的水倒入抽水機內，萬一水一去不回，他就會渴死在這地方了，到底要不要冒險呢？

最後，他決定把瓶子裡的水全部灌入看起來破舊不堪的抽水機裡，水真的大量湧了出來！他以顫抖的手汲水，將水喝足後，他又把瓶子裝滿水，並用軟木塞封好，然後放在原來那張紙條後面，再加上他自己的話：「相信我，真的有用。」

這個故事告訴我們，不管做什麼事，有付出才有回報。

有付出才有回報，這是絕大多數人都認可的，而且，很多人都有了實際行動，真正地付出了。但問題和矛盾還是產生了，因為其中大部分人對他們得到的回報並不滿意，認為回報少於付出。

一位哲人曾說：「我只想要一片綠葉，你卻給了我整個春天。」付出就是這樣一片小小的綠葉，當我們把綠葉奉獻給世界時，世界卻回報了我們整個春天，給我們意想不到的收穫。當我們以無私奉獻之心栽培桃李時，我們良好的品行便為我們鋪就了一條通向生命果園的道路。

的確，滴水之恩當湧泉相報。但遺憾的是，生活中的很多人，往往就是抱著獲得湧泉般的回報來吝嗇地付出他們的滴水之恩的。

真正的付出，是不求回報的無私的付出。像《墨子·魯問》中的祭祀一樣，從一開始就帶著功利之心去付出的人，不但不會得到他們預期的回報，而且可能一無所獲。

魯祝以一豚祭，而求百福於鬼神。子墨子聞之日：「是不可。今施人薄而望人厚，則人唯恐其有賜於己也。今以一豚祭，而求百福於鬼神，唯恐其以牛羊祀也。古者聖王事鬼神，祭而已矣。今以豚祭而求百福，則其富不如其貧也。」

——《墨子·魯問》

　　魯國的司祭用一頭小豬祭祀，並且向鬼神祈求百福。墨子聽說了這件事後說：「這樣不行。現在你給人的東西少，卻盼望人家重謝，那麼別人就會怕你再送東西給他們了。現在用一頭小豬來祭祀，卻向鬼神求百福，那麼鬼神會怕你用牛羊來祭祀了。古代聖王們事奉鬼神，只是祭祀罷了。現在用一頭小豬祭祀卻祈求百福，那麼與其祭品豐盛，倒不如稀少。」

一豚祭而求百福

　　一分耕耘，一分收穫。只有透過辛勤的勞動，才能收穫豐碩的成果，那些想不勞而獲或以微不足道的付出來奢望百倍的回報，都是不可能實現的。

三十八 不要被假象迷惑

子墨子言日：「釣者之恭，非為魚賜也；餌鼠以蟲，非愛之也。吾願主君之合其志功而觀焉。」（語出《墨子·魯問》）

釣魚的人態度恭敬，不是為了給魚以恩賜；用蟲子餵老鼠，不是因為愛老鼠。我希望你能把他們的動機和結果結合起來進行觀察。

現象是事物的表面特徵以及這些特徵之間的外部聯繫。現象中有真相和假象。假象是一種虛假的現象。假象與本質對立最為明顯、最為突出，它是一種顛倒的、虛假的表現。

釣者之恭，非為魚賜也。

——《墨子·魯問》

子墨子言日：「釣者之恭，非為魚賜也；餌鼠以蟲，非愛之也。」

——語出《墨子·魯問》

不要被假象迷惑

真相是指那些從正面直接表現本質的現象。而假象是指那些以否定方式，從反面歪曲地表現本質的現象。例如，蘋果落地的現象，是真相。月亮在晚上發光的現象，是假象，月亮本身不發光，但皓月當空時，使人感到它是個能發光的天體。

從月亮的例子可以看出，眼見也不一定為實。又如我們天天看到太陽東升西落，可實際上不是太陽繞地球轉，而是地球繞太陽轉。所以眼睛有時也會欺騙我們。

魯國國君有兩個兒子，一個好學，一個喜歡拿錢財分給別人，兩人都有可取之處，不知應該立誰為太子。他便問墨子。

三十八　不要被假象迷惑

墨子說，現在還不能確定。或許他們是為了得到獎賞和好名聲才這樣做的。釣魚的人態度恭敬，不是為了給魚以恩賜；用蟲子餵老鼠，不是因為愛老鼠。只有把他們的動機和結果結合起來進行觀察，才能得出正確的選擇。

墨子的話告訴我們，在面對紛繁複雜的現象時，一定要透過現象認清事物的規律，抓住事物的本質，這樣才能避免被假象迷惑。

春秋時期，吳越兩國相鄰，經常打仗，有一次吳王領兵攻打越國，被越王勾踐的大將靈姑浮砍中了右腳，最後傷重而亡。吳王死後，他的兒子夫差繼位。三年以後，夫差帶兵前去攻打越國，以報殺父之仇。

西元前四九七年，兩國在夫椒交戰，吳國大獲全勝，越王勾踐被迫退居到會稽。吳王派兵追擊，把勾踐圍困在會稽山上，情況非常危急。此時，勾踐聽從了大夫文種的計策，準備了一些金銀財寶和幾個美女，託吳國太宰送給了吳王，並透過太宰向吳王求情，吳王最後答應了越王勾踐的求和。但是吳國的伍子胥認為不能與越國講和，否則無異於放虎歸山，可是吳王不聽。

越王勾踐投降後，便和妻子一起前往吳國，他們夫妻倆住在夫差父親墓旁的石屋裡，做看守墳墓和養馬的事情。夫差每次出遊，勾踐總是拿著馬鞭，恭恭敬敬地跟在後面。後來吳王夫差有病，勾踐為了表明他對夫差的忠心，竟親自去嘗夫差大便的味道，以便判斷夫差病癒的日期。夫差病好的日期恰好與勾踐預測的相合，夫差認為勾踐對他敬愛忠誠，於是就把勾踐夫婦放回越國。

越王勾踐回國以後，立志要報仇雪恨。為了不忘國恥，他睡覺就躺在柴薪之上，坐臥的地方掛著苦膽，以不忘國恥，不忘艱苦。經過十年的積聚，越國終於由弱變成強國，最後打敗了吳國，吳王羞愧自殺。

吳王夫差先後被財寶、美女迷惑，尤其是對越王勾踐表面上的看墓嘗便、犬馬之勞信以為真，殊不知此時越王的真正目的是忍辱負重，以圖東山再起。

越王勾踐的臥薪嘗膽是千古傳誦的勵志佳話，而吳王夫差的遺恨千古，也是後人應該汲取的教訓。

吃古通今

一位七十一歲的老人一日到菜市場買菜，在經過電梯口時，站在電梯旁的一位小姐說：「阿姨，三樓有免費健身按摩，能祛除百病延年益壽，好多人都去了，您不上去試試？聽說挺好的。」

老人聽後就坐電梯到了三樓，只見一個房間門口十分醒目的掛著一紅底白字的布條標語，寫著「免費按摩義務服務、強身健體永保活力」字樣。老人家向前諮詢，受到了一位「按摩師」的熱情接待。按摩師替她在腳上塗了一些油（事後了解此油屬凡士林油類，每瓶最多價值十元），做了足部按摩，說：「您繳八百元可免費按摩一年，挺划算的。」

老人感到奇怪，問：「不是免費嗎？」按摩師答：「按摩免費，塗這種進口的高級活血通脈油要繳成本費。」老人說：「我沒帶那麼多錢。」按摩師很爽快：「沒關係，您先繳一百元訂金，下次來再補齊。」老太太也沒細想就繳了一百元。

回家後，家人都說這是騙人的勾當，老人也開始回過神來，覺得不太對勁，免費按摩，塗藥又是成本費，那他們圖啥呀？

第二天，老太太找到按摩師，要求退還訂金，說年紀大了走動不方便，以後不再按摩了，昨天用的錢該繳多少繳多少。按摩師說：「不再按摩可以，但得再繳一百七十元把你用過的那瓶『高級按摩藥膏』買下，因為你用過，別人就不能再用了。」老太太問：「那盒油多少錢？」答：「兩百七十元。」老太太腦子一亂，糊裡糊塗又交了一百七十元，把那盒油拿回了家。

經醫院鑑定，那盒塗藥類似凡士林，價值最多十元。本來是要討還訂金的，反而又賠上了一百七十元，老人越想越感到懊惱。

點評：

騙子們就是利用人們善良、單純的心理特點，再加上可能經濟收入少，又渴望健體強身的心理而誘騙昧心錢財的。俗話說，無利不起早。天上不會

掉餡餅，也沒有免費的午餐，如果有不要錢讓您占便宜的事，千萬要認真思考，不要輕信，要想到這八成是騙人的把戲。

延伸閱讀

　　魯君謂子墨子曰：「我有二子，一人者好學，一人者好分人財，孰以為太子而可？」子墨子曰：「未可知也。或所為賞與為是也。釣者之恭，非為魚賜也；餌鼠以蟲，非愛之也。吾願主君之合其志功而觀焉。」

——《墨子·魯問》

　　魯國國君對墨子說：「我有兩個兒子，一個好學，一個喜歡拿錢財分給人，誰可以立為太子呢？」墨子說：「還不能知道。或許他們是為了得到獎賞和好名聲才這樣做的。釣魚的人態度恭敬，不是為了給魚以恩賜；用蟲子餵老鼠，不是因為愛老鼠。我希望你能把他們的動機和結果結合起來進行觀察。」

三十九　做事要分輕重緩急

子墨子言曰：「凡入國，必擇務而從事焉。」（語出《墨子·魯問》）

凡到一個國家，一定要選擇緊迫的事情去做。

凡事都有輕重緩急，最重要的事情應該優先處理，不應和其他事情混為一談。對那些零零散散的事務，可以先把它們按照「輕重緩急」的順序整理好，然後再著手處理。

凡入國，必擇務而從事焉。

——《墨子·魯問》

子墨子言曰：「凡入國，必擇務而從事焉。」

——語出《墨子·魯問》

做事要分輕重緩急

古人云：事有先後，用有緩急。生活中常會遇到千頭萬緒、問題繁多的情況，這時就需要我們把問題的輕重緩急分清楚，然後找到其中最迫切需要解決的問題，並集中力量首先解決它。

墨子準備外出遊歷，魏越問墨子：「您見了各國的君主後，將先對他們說些什麼呢？」

墨子回答說：「凡到一個國家，一定要選擇緊迫的事去做。假若國家昏亂，就對他講『尚賢』、『尚同』的道理；假若國家貧困，就對他講『節用』、『節葬』的道理；假若國家沉湎於音樂和酒，就對他講『非樂』、『非命』的道理；假若國家淫亂無禮，就對他講『尊天』、『事鬼』的道理；假若國家掠奪侵凌他國，就對他講『兼愛』、『非攻』的道理。」

墨子認為，做事應先選擇那些迫切需要的、重要的事情去做。在面對問題時，如果能按事情的輕重緩急來處理，不但做起事來井井有條，而且能抓住時機，高效率地把事情做好。否則，就會延誤時機，導致事情失敗。

東漢中平元年，于禁投奔東郡太守曹操，不久即隨曹操征討張繡。初次交戰，魏軍大敗。曹操倉皇率敗軍往青州退卻，張繡率大軍緊追於後。

此時青州正由于禁和夏侯惇鎮守，夏侯惇與曹操是同姓兄弟，便縱兵借袁軍之名，掠劫民家。于禁則率本部軍沿東部剿殺擾民之流兵散勇，安撫眾民。

這時曹操已敗回青州，擾民之兵哭拜於地，說于禁造反，趕殺青州軍馬。曹操大驚，命夏侯惇、李典、許褚等整兵迎擊于禁。

于禁見曹操及諸將整兵俱到，如臨大敵。有人勸說于禁：「青州軍在曹丞相面前誹謗，說將軍造反，今丞相領大軍已到，顯然是聽信了謊言，將軍不前去向丞相分辯，為什麼還安營紮寨呢？」于禁坦然說：「張繡賊兵追趕在後，立即就到，若不先準備迎敵而自己人先分辯是非，怎樣拒敵？分辯事小，退敵事大。為將者應先公而後私，處政則宜先敵而後己。」

于禁的營寨剛剛安頓完畢，張繡的追兵即分兩路殺到。于禁率兵乘敵遠道疲憊而至，大舉迎頭痛殲，張繡兵敗而逃。

于禁收軍點將，安頓好士兵，隻身入見曹操，詳細稟明青州兵肆行鄉里，掠奪財物，大失民望，以致流民占山為寇，致袁殘餘與流民匯合，破壞了魏軍青兗根基。

曹操反問于禁：「不先向我稟報，先安營下寨，怎樣解釋？」于禁把前番話又申述一遍。曹操這才下座，牽其手，繞帳一周，對眾將說：「于將軍在匆忙之中能整兵堅壘，任勞任怨，反敗為勝。雖古之名將何以加茲！」曹操遂封于禁為益壽亭侯。

于禁將軍在面對突變時，能分清事情輕重緩急，先解決了全軍的危機，後化解了自己的危機，其以大局為重的全局觀得到了曹操的充分肯定。

事有輕重緩急，我們在處理問題、尤其是在應對突發事件時，也不能想到什麼就做什麼，面臨到什麼就處理什麼，而要像于禁一樣保持冷靜，分清輕重緩急，抓住重點，抓住主要問題，這是培養全局觀、策略觀的基本要求，也是成功者最大的處事祕訣。

吃古通今

在一次上時間管理課時，教授在桌子上放了一個能裝水的罐子，然後又從桌子下面拿出一些正好可以從罐口放進罐子裡的鵝卵石。

教授把石頭放完後，問他的學生：「你們說這罐子是不是滿的？」

「是！」所有的學生異口同聲地回答。

「真的嗎？」教授笑著問。然後又從桌底下拿出一袋碎石子，把碎石子從罐口倒下去，搖一搖又加了一些，直至裝不進了為止。

他再問學生：「你們說，這罐子現在是不是滿的？」這次他的學生不敢回答得太快。

最後班上有位學生小聲回答道：「也許沒滿。」

「很好！」教授說完後，又從桌下拿出一袋沙子，慢慢地倒進罐子裡。倒完後再問班上的學生：「現在你們再告訴我，這個罐子是滿的呢？還是沒滿？」

「沒有滿。」全班同學這下學乖了，大家很有信心地回答。

「好極了！」教授再一次稱讚這些「孺子可教」的學生們。稱讚完後，教授從桌底下拿出一大瓶水，把水倒進看起來已經被鵝卵石、小碎石、沙子填滿了的罐子中。

當這些事都做完之後，教授正色問他班上的同學：「我們從上面這些事情中，得到了哪些重要的啟示呢？」

班上一陣沉默，一位自以為聰明的學生回答說：「無論我們的工作多忙、行程排得多滿，如果要擠一下還是可以多做些事的。」

教授聽到這樣的回答點了點頭，微笑著說：「答得不錯，但這並不是我要告訴你們的重要訊息。」

說到這裡，教授故意停住，用眼睛掃了全班同學一遍後說：「我想告訴各位的最重要的訊息是，如果你不先將大的『鵝卵石』放進罐子裡去，也許你以後永遠都沒有機會再把它們放進去了。」

點評：

人們總是會遇上各式各樣的問題和麻煩，這些令人應接不暇的大事小事，有時候就像熱氣球遇上麻煩一樣到處亂撞，照顧了這一點又忘記了那一點，無論怎樣權衡利弊，始終不能盡善盡美。這時，我們就要善於發現並解決其中最迫切的問題。只有先解決這些問題，才能解決其他問題。否則，在細枝末節上浪費時間就會貽誤時機，導致失敗。

延伸閱讀

子墨子曰：「凡入國，必擇務而從事焉。國家昏亂，則語之尚賢、尚同；國家貧，則語之節用、節葬；國家音湛湎，則語之非樂、非命；國家遙僻無禮，則語之尊天、事鬼；國家務奪侵凌，即語之兼愛、非攻。故曰：擇務而從事焉。」

——《墨子·魯問》

墨子說：「凡到一個國家，一定要選擇緊迫的事去做。假若國家昏亂，就對他講『尚賢』、『尚同』；假若國家貧困，就對他講『節用』、『節葬』；假若國家沉湎於音樂和酒，就對他講『非樂』、『非命』；假若國家淫亂無禮，就對他講『尊天』、『事鬼』；假若國家掠奪侵凌他國，就對他講『兼愛』、『非攻』。所以說，要選擇緊迫的事去做。」

四十 做事要盡職盡責

子墨子言曰：「若以翟之所謂忠臣者，上有過同則微之以諫；己有善，則訪之上，而無敢以告外，匡其邪，而入其善。」（語出《墨子·魯問》）

如果按我的觀點，所謂忠臣就是：國君有了過錯，就找機會勸諫；自己有好主意，就與國君商量，而不敢告訴外人；糾正國君的過錯，把他納入正道。

盡職盡責表現在實際工作中，就是表裡如一，言行一致；就是精益求精，一絲不苟；就是講奉獻不講條件，找辦法不找藉口。

盡職盡責

子墨子言曰：「若以翟之所謂忠臣者，上有過同則微之以諫；己有善，則訪之上，而無敢以告外，匡其邪，而入其善。」

——語出《墨子·魯問》

做事要盡職盡責

每個人在生活中都扮演著不同的角色。無論一個人擔任何種職務，做什麼樣的工作，都負有對他人的責任，這是社會法則，是道德法則，也是心靈法則。

正是責任，讓我們在困難時能夠堅持，讓我們在成功時保持冷靜，讓我們在絕望時懂得奮起，因為我們的努力和堅持不僅是為自己，還要為別人、為社會。

公孟子對墨子說：「君子拱手以待，別人問自己就說，不問就不說。好像鐘一樣，敲就響，不敲就不響。」

墨子說：「這句話有三種情況在裡面，你現在只知道一種情況，並且還不知道它所說的古義。」

公孟子不解，墨子接著說：「假如王公大人在國家中做出荒淫暴虐這類事情，君子上前去勸諫，就會被說為不恭順；透過左右近臣去勸諫，就會被說為私下議論。這是君子感到疑惑不解的地方。

「如果王公大人執政，將給國家帶來災難，就像弩機將要發射一樣迫在眉睫，那麼君子一定要進諫，這是王公大臣的利益。像這種情況，即使不叩鐘，也一定要響。

「假如王公大人做出不義的邪行，雖然得到十分巧妙的兵書，可以用於軍隊的戰事之中，想要攻打無罪的國家，並占領它，國君得到這樣的東西，一定會採用，用來擴展領土，聚斂財物，但是出師必然會受辱，對被攻打的國家不利，對攻打別國的國家也不利，這對兩方面都不利。像這種情況，即使不叩鐘，也一定要響。」

墨子對臣子在君主面前什麼時候應緘口不言、什麼時候應大膽規諫，有自己的想法，不管這種看法正確與否，它都鮮明地指出了一個毋庸置疑的觀點：為人臣者要盡職盡責。

墨子在《親士》篇中說，做臣子的如果只看重自己的爵位利祿，遇到國家大事不敢說出自己的意見，左右近臣黯然無聲，遠方之臣也噤不出聲，那麼國家就危險了。

反之，如果國家有很多盡職盡責的人來為它服務，又會怎樣呢？西元前四九〇年，希臘和波斯在馬拉松平原上展開了一場激烈的戰鬥，最終，希臘人打敗了前來侵略的波斯人。希臘軍隊上級命令菲迪皮德斯在最短的時間內將捷報送到雅典，以激勵身陷困境的雅典人。菲迪皮德斯接到命令後，從馬拉松平原不停頓地跑回雅典（全程約四十公里），當他把勝利的消息帶到雅典時，自己卻累死了。一八九六年，為了紀念這位盡職盡責的士兵，希臘人在第一屆奧林匹克運動會上，就用他跑的距離做為一個競賽項目，以激勵那些勇於承擔責任、堅持完成任務的人。

墨子的話告訴我們，做事應盡職盡責，恪盡職守，勇於擔當，把該做的事做好，把該完成的工作出色地完成。

盡職盡責是為人處事的基本態度，也是最重要的態度。社會學家戴維斯說：「放棄了自己對社會的責任，就意味著放棄了自己在這個社會中更好的生存機會。」

　　盡職盡責是對人生義務的勇敢擔當；盡職盡責是對生活的積極接受；盡職盡責是對自己所負使命的忠誠和信守；盡職盡責是對自己所負責的工作出色地完成；盡職盡責是人性的昇華，我們都應努力做到。

延伸閱讀

　　聞善而不善，皆以告其上。上之所是，必皆是之；所非，必皆非之。上有過則規諫之，下有善則傍薦之。上同而不下比者，此上之所賞，而下之所譽也。

——《墨子·尚同》

　　聽到有人行善與有人不善，都要向上級報告。上級認為對的，一定要認為它對；上級認為不對的，一定也要認為它不對；上級有過錯，就要規誠勸諫；下屬有人善良賢能，就要訪查推舉。與上級協同一致，而不朋比下屬，這樣的人，上級會賞賜他，下屬會讚揚他。

國家圖書館出版品預行編目（CIP）資料

墨子的正確打開方式：兼愛非攻的現代應用解密 / 山陽 著.
-- 第一版 . -- 臺北市：崧燁文化，2020.02
　　面；　公分
POD 版

ISBN 978-986-516-356-3(平裝)

1.(周) 墨翟 2. 學術思想 3. 人生哲學

121.41　　　　　　　　　　　　　　　　108022394

書　　名：墨子的正確打開方式：兼愛非攻的現代應用解密

作　　者：山陽 著

發 行 人：黃振庭

出 版 者：崧燁文化事業有限公司

發 行 者：崧燁文化事業有限公司

E - m a i l：sonbookservice@gmail.com

粉 絲 頁：　　　　　　　網 址：

地　　址：台北市中正區重慶南路一段六十一號八樓 815 室

8F.-815, No.61, Sec. 1, Chongqing S. Rd., Zhongzheng

Dist., Taipei City 100, Taiwan (R.O.C.)

電　　話：(02)2370-3310 傳　真：(02) 2388-1990

總 經 銷：紅螞蟻圖書有限公司

地　　址：台北市內湖區舊宗路二段 121 巷 19 號

電　　話:02-2795-3656 傳真 :02-2795-4100　　網址：

印　　刷：京峯彩色印刷有限公司（京峰數位）

本書版權為千華駐讀書堂出版社所有授權崧博出版事業有限公司獨家發行電子
書及繁體書繁體字版。若有其他相關權利及授權需求請與本公司聯繫。

定　　價：250 元

發行日期：2020 年 02 月第一版

◎ 本書以 POD 印製發行